文通天下

突 破 认 知 的 边 界

柳 白 ◎ 主编

点醒人生

心灵成长的金句宝典

光明日报出版社

图书在版编目（CIP）数据

点醒人生：心灵成长的金句宝典 / 柳白主编 . --
北京：光明日报出版社，2024.2（2024.11 重印）
　　ISBN 978-7-5194-7819-3

　　Ⅰ . ①点… Ⅱ . ①柳… Ⅲ . ①格言—汇编—世界
Ⅳ . ① H033

　　中国国家版本馆 CIP 数据核字 (2024) 第 050175 号

点醒人生：心灵成长的金句宝典
DIAN XING RENSHENG: XINLING CHENGZHANG DE JIN JU BAODIAN

主　　编：柳　白

责任编辑：徐　蔚　　　　　　　　责任校对：孙　展

特约编辑：刘丽娜　　　　　　　　责任印制：曹　净

封面设计：万　聪

出版发行：光明日报出版社

地　　址：北京市西城区永安路 106 号，100050

电　　话：010-63169890（咨询），010-63131930（邮购）

传　　真：010-63131930

网　　址：http://book.gmw.cn

E - mail：gmrbcbs@gmw.cn

法律顾问：北京市兰台律师事务所龚柳方律师

印　　刷：河北文扬印刷有限公司

装　　订：河北文扬印刷有限公司

本书如有破损、缺页、装订错误，请与本社联系调换，电话：010-63131930

开　　本：170mm×240mm　　　　　　印　　张：19

字　　数：320 千字

版　　次：2024 年 2 月第 1 版

印　　次：2024 年 11 月第 2 次印刷

书　　号：ISBN 978-7-5194-7819-3

定　　价：56.00 元

目录

情感篇

初见乍惊欢
久处亦怦然

爱情　002
情感　009
孤独　014
寂寞　020
思念　024
遗憾　028
甜蜜　032
失恋　039

性格篇

每个人都是自己
个性的工程师

个性　044
修养　049
格局　053
谦虚　057
稳重　061
意志　064
品格　068
自信　072

生活 篇

听风八百遍 才知是人间

亲情	078
家庭	082
婚姻	086
朋友	091
生活	097
健康	103
处境	108
知足	112

心态 篇

从此鲜花赠自己 纵马踏花向自由

幸福	118
得失	124
态度	128
当下	133
挫折	139
希望	144
悠闲	149
迷茫	154

情绪篇

治愈别人 治愈自己

痛苦	162
焦虑	169
快乐	175
忧愁	181
悲伤	187
烦恼	192
治愈	197
自洽	203

励志篇

各自努力 更高处见

自律　210

立志　215

信心　220

上进　224

惜时　230

成长　236

成功　241

阅读　247

哲理篇

人是一棵 会思考的芦苇

自我　254

理智　259

豁达　264

人生　269

生命　274

命运　280

求知　286

自由　291

情感篇

初见乍惊欢
久处亦怦然

爱情

爱一个人意味什么呢？这意味着为他的幸福而高兴，为使他能够更幸福而去做需要做的一切，并从中得到快乐。 ——车尔尼雪夫斯基

爱情的意义在于帮助对方提高，同时也提高自己。 ——车尔尼雪夫斯基

彼此恋爱，却不要做爱的锁链。 ——纪伯伦

毫无经验的初恋是迷人的，但经得起考验的爱情是无价的。 ——马尔林斯基

爱情不是花荫下的甜言，不是桃花源中的蜜语，不是轻绵的眼泪，更不是死硬的强迫……爱情是建立在共同语言的基础上的。 ——莎士比亚

每个人身上都有一口泉眼，不断喷涌出生命、活力、爱情。如果不为它挖沟疏导，它就会把周围的土地变成沼泽。

——马克·拉瑟福德

爱情是耗尽锐气的激情，爱情是置意志于一炬的火焰，爱情是把人骗入泥潭的诱饵，爱情将剧毒抹在命运之神的箭上。

——梅斯菲尔德

爱情就像财富，有赖于命运之轮，它始终处于剧烈的上下颠簸之中。

——范布勒

爱情就等于生活，而生活是一种责任、义务，因此爱情是一种责任。

——冈察洛夫

在爱情的事上如果考虑起自尊心来，那只能有一个原因：实际上你还是爱自己。

——毛姆

爱情把我拽向这边，而理智却要把我拉向那边。

——奥维德

当你真心爱一个人时，那人除了有崇高的才能外，他还有一些可爱的弱点，这也是你爱他的关键。

——摩路瓦

爱情只在深刻的、神秘的直观世界中才能产生，才能存在。生儿育女不是爱情本身的事。

——索洛维约夫

爱容易轻信。

——奥维德

恋爱是结婚的过程；结婚是恋爱的目的。 ——叔本华

我们恋爱可能感到不快乐，也可能快乐而并非因为恋爱。 ——巴尔扎克

爱情的快乐不能在激情的拥抱中告终。爱，必须有恒久不变的特质，要爱自己，也要爱对方。 ——波普

习惯就是一切，甚至在爱情中也是如此。 ——沃维纳格

爱情不可能长期地隐藏，也不可能长期地假装。 ——拉罗什富科

这世界要是没有爱情，它在我们心中还会有什么意义！这就如一盏没有亮光的走马灯。 ——歌德

人不能绝灭爱情，亦不可迷恋爱情。 ——培根

爱情不仅会占领空旷开阔的胸怀，有时也能闯入壁垒森严的心灵。 ——培根

爱神固然常常造访亭台楼阁，不过对于茅屋陋室也并不会拒绝降临。 ——薄伽丘

离别使爱情热烈，相逢则使它牢固。 ——托·富勒

没有爱情的人生，不是真正的人生。 ——莫里哀

理智做不了爱情的主。 ——莫里哀

爱情是一位伟大的导师，教会我们重新做人。 ——莫里哀

爱情是心中的暴君，它使理智不明，判断不清；它不听劝告，径直朝痴狂的方向奔去。 ——约·福特

爱情的力量可以使一个人把另一个人改造得和自己一样。 ——高尔基

爱情是人生的盐，借助于它，人们才体味得出人世间的情趣。 ——欧文·斯通

有限的爱情要求占有对方，而无限的爱情则只要求爱的本身。 ——纪伯伦

爱情使所有的人变成雄辩家，这话说得绝对正确。 ——罗格林

真正的爱情是不能用语言表达的，行为才是忠心的最好说明。 ——莎士比亚

爱情和战争都是不择手段的。 ——斯梅德利

爱情埋在心灵深处，并不居住在双唇之间。 ——丁尼生

堕入情网者的眼睛都是瞎的。 ——普洛佩提乌斯

女人的一生就是一部爱情的历史。　　——欧文

真正的爱情就像鬼魂一样，并且人体验这种激情　——拉罗什富科
比激发这种激情更幸福。

爱情不仅仅是一种情感，而且还是阴阳两极的互　——尤·留里柯夫
相吸引，是一对永恒的矛盾，是宇宙中一个伟大
而神奇的规律。

恋爱是一个谜，它只活在人们的内心深处。　　——巴尔扎克

在爱情这种动人的歌剧里，脚本几乎是无用的。　——雨果

爱情不过是一种疯狂。　　——莎士比亚

在我们所有的感情中，最令人迷惑与神魂颠倒　　——卢梭
的，就是爱情与嫉妒。

如果我们生活的全部目的仅在于我们个人的幸　　——别林斯基
福，而我们个人的幸福又仅仅在于一个爱情，那
么生活就会变成一个遍布荒墓枯冢和破碎心灵的
真正阴暗的荒原，变成一座可怕的地狱。

宁肯爱过而又失却，也不愿做从未爱过的人。　——丁尼生

爱情必须时时更新，生长，创造。　　——鲁迅

人必生活着，爱才有所附丽。　　　　　　　——鲁迅

答案很长，我准备用一生的时间来回答，你准备　　——林徽因
要听了吗？

我渴望和你打架，也渴望抱抱你。　　　　　　——朱生豪

如果我爱你是你的不幸，那么这不幸是同我生命　　——沈从文
一样长久的。

日子过得真快，尤其对于中年以后的人，十年八　　——张爱玲
年都好像是指顾间的事。可是对于年轻人，三年
五载就可以是一生一世。

恋爱是火，火是不能随便玩的。　　　　　　　——丁玲

我最爱听你思想的脉搏，你心灵的一举一动我全　　——王小波
喜欢。

没有什么能够证明爱情，爱情是孤独的证明。　　——史铁生

脱离了男女双方在思想上、情感上、情味和气质　　——刘心武
等方面的共鸣倾慕，仅是单纯的两性关系，是不
能称之为爱情的。

如果说爱是一门艺术，那么，恰如其分的自爱便　　——周国平
是一种素质，唯有具备这种素质的人才能成为爱
的艺术家。

她之所有什么都肯跟他说，就是因为从来没想过要嫁他。

——亦舒

人间本不该令我这么欣喜的，但是你来了。

——北岛

山有木兮木有枝，心悦君兮君不知。

——《越人歌》

我欲与君相知，长命无绝衰。

——汉乐府《上邪》

忆君心似西江水，日夜东流无歇时。

——鱼玄机

深知身在情长在，怅望江头江水声。

——李商隐

人生自是有情痴，此恨不关风与月。

——欧阳修

系春心情短柳丝长，隔花阴人远天涯近。

——《西厢记》

人到情多情转薄，而今真个悔多情。

——纳兰性德

我们终其一生不是为了满足每一个人，而是要找到跟自己同频共振的那一部分人。

——摘自网络

莫欺少年穷，爱情不是场有车有房才有资格爱别人的游戏，而是当你望向我时，所有的星光穿透我的心脏，而我赌你的枪里没有子弹。

——摘自网络

情感

女人的生活中只有一个真正的悲剧：她总在缅怀 ——王尔德
过去，却必须活在未来。

爱，始于自我欺骗，终于欺骗他人。这就是所谓 ——王尔德
的浪漫。

感情的长处在于会使我们迷失方向，而科学的长 ——王尔德
处就在于它是不动感情的。

人在世上走南闯北，带着"情感"这宗货物可真 ——狄更斯
是不方便呢！

世上所有的男人和女人都有各自的悲伤，他们大 ——狄更斯
多数都有着委屈。

没有感情这个品质，任何笔调都不可能打动人心。 ——狄德罗

一个人必须了解自己的情感，要么加以培养，要么加以抑制。

——高尔基

我们对于情感的理解愈多，则我们愈能控制情感，而心灵感受情感的痛苦也愈少。

——斯宾诺莎

缺乏感情上的共鸣，理解也就不那么容易了。

——弗洛伊德

人生的乐趣不在别处，只在感情。有感情才有快乐，才知道人间诸般滋味。如果没有感情，人生也就寂寞了。

——罗曼·罗兰

理智总是感情捉弄的对象。

——拉罗什富科

感情不可能有静止状态，它不是向这个方向发展，就是向那个方向发展。

——詹姆斯

没有情感，道德就会变成枯燥无味的空话，只能培养出伪君子。

——苏霍姆林斯基

爱之花开放的地方，生命便能欣欣向荣。

——梵高

我想和你一起生活，在某个小镇，共享无尽的黄昏和绵绵不绝的钟声。

——茨维塔耶娃

只受感情支配的人，无异于精神上的幼儿。

——池田大作

青年人无法无天，玩弄爱情；中年人食髓知味，　　——秋田雨雀
追求爱情；老年人寂寞无聊，回忆爱情。

在两个人的世界里，管他的风雨雷电飞石走沙天　　——电影《悬崖上的
崩地裂，只要能在一起就够了。　　　　　　　　　　金鱼姬》

人类最浓挚最深沉的感情不在眉开眼笑之时，乃　　——胡适
在悲哀不得意无可奈何的时节。

一时的热情冲动，会造成终身的隐痛。　　　　　　——茅盾

人类最不能受伤的地方是感情与自尊，人类最脆　　——琼瑶
弱的地方也是感情与自尊。

感情这样东西是很难处理的，不能往冰箱里一　　——张爱玲
搁，就以为它可以保存若干时日，不会变质了。

人的理智，本来是不十分靠得住的，往往做了利　　——张爱玲
欲的代言人，不过自己不觉得罢了。

那些因为缘分而来的东西，终有缘尽而别的时候。　——三毛

人的感情是有弹性的东西，当容让到再不能容让　　——沈从文
时，弹性一失就完了。

用平静的心，感受一切大千世界的动静，从为平　　——沈从文
常眼睛所疏忽处看出动静的美，用略见矜持的情
感去接近这一切。

怜比爱少着些味道，可是更多着些人情。　　——老舍

原来浪漫的人也不过如此。浪漫的人是以个人为宇宙中心的。　　——老舍

心晴的时候，雨也是晴；心雨的时候，晴也是雨。　　——汪国真

最深沉的感情往往是以最冷漠的方式表现出来的；最轻浮的感情常常是以最热烈的方式表现出来。　　——汪国真

无理智的感情，纵有，不过是片刻的昙花；有理智的真感情才是人生的维系。　　——王统照

人一现实，便觉得感情上的事太浪漫。　　——王跃文

一切都明明白白，但我们仍匆匆错过，因为你相信命运，因为我怀疑生活。　　——顾城

深情即是一桩悲剧，必得以死来句读。　　——简媜

真正打动人的感情总是朴实无华的，它不出声，不张扬，埋得很深。　　——周国平

但你还是你，有我一喊就心颤的名字。　　——余秀华

我的宿命分两段，未遇见你时和遇见你以后。你治好我的忧郁，而后赐我悲伤。忧郁和悲伤之间的片刻欢喜，透支了我生命全部的热情储蓄。 ——西贝

无情有恨何人觉，月晓风清欲堕时。 ——陆龟蒙

人生有情泪沾臆，江水江花岂终极！ ——杜甫

青山一道同云雨，明月何曾是两乡。 ——王昌龄

春风无限潇湘意，欲采蘋花不自由。 ——柳宗元

五更疏欲断，一树碧无情。 ——李商隐

人情不似春情薄。守定花枝，不放花零落。 ——管鉴

人情好似初相见，到老终无怨恨心。 ——《名贤集》

凭君莫问情多少。门外江流罗带绕。 ——莫仑

红杏枝头花几许？啼痕止恨清明雨。 ——赵令畤

世情薄，人情恶，雨送黄昏花易落。 ——唐琬

你若懂，无须千言万语；若不懂，万语千言道不尽。 ——摘自网络

烟火人间，各有遗憾，有一种累，无人可说，无人可懂。 ——摘自网络

孤独

要么孤独，要么庸俗。 ——叔本华

喜欢孤独的人不是野兽，便是神灵。 ——亚里士多德

我用什么才能留住你？我给你贫穷的街道、绝望
的日落、破败郊区的月亮。我给你一个，久久地
望着孤月的人的悲哀。 ——博尔赫斯

被迫置身于人群的时候，往往是最应该自守孤独
的时候。 ——伊壁鸠鲁

相比之下，在一群愚蠢而讨厌的伴侣中，倒还不
如独自一人更好些。 ——蒙田

精神上的孤独与身体方面的孤独同样无法忍受。 ——埃里克·弗洛姆

置身于茫茫人海，你感到孤单；你离群索居，更感到孤单。 ——艾特玛托夫

普通人都难以忍受孤独，处在逆境的人由于不信任任何人，对这种孤立更加敏感。 ——巴尔扎克

离群索居并非一定憎恨人类。 ——拜伦

孤独是热情的发祥地，热情是才华的真正母体。 ——迪斯累里

有些人之所以宁愿孤独，是因为在没有友谊和仁爱的人群中生活，那种苦闷正如一句古代拉丁谚语所说"一座城堡如同一派旷野"。 ——培根

没有真挚朋友的人，是真正孤独的人。 ——培根

自愿孤独，与他人隔绝，是防止因人际关系而产生不快的最现成的方法。 ——弗洛伊德

孤独可以使人能干，也可以使人笨拙。 ——雨果

人可以在社会中学习，然而灵感却只有在孤独的时候才会涌现出来。 ——歌德

孤独是世界上最可怕的痛苦，不管怎样强烈的恐怖，只要和大家在一起就能够忍受，但是孤独等于死亡。 ——葛奥尔左乌

越伟大、越有独创精神的人越喜欢孤独。 ——赫胥黎

假如你在世界上是孤独的，完全孤独的，你就把这种孤独用作你的安慰和你的力量。 ——霍德华·法斯特

假如人只能自己单独生活，只会考虑自己，他的痛苦将是难以忍受的。 ——帕斯卡尔

交谈可以增进互相了解，而独处则是天才的学校。 ——吉本

俗话说，即便是病人，聚在一起也比独处要轻松。 ——屠格涅夫

孤独是忧愁的伴侣，也是精神活动的密友。 ——纪伯伦

孤独是件厚的外衣，而心灵却在下面冻僵。 ——科本哈耶

孤独可以毁灭人。 ——拉格洛乎

闲暇无事和孤独一样，也是社会上苦难的根源。 ——卢梭

能与自己娓娓而谈的人绝不会感到孤独。 ——马克斯威尔·马尔兹

在美好的生活中，孤独和社交这两方面都是必要的。 ——莫里斯

人生的第一件大事是发现自己，因此人们必须不时孤独和沉思。 ——南森

一个伟大的人往往遭受排挤、压抑，甚至被人斥 ——尼采
为哗众取宠而陷于孤独之中。

世界上最坚强的人是孤独的人。 ——易卜生

孤独不是在山上，而是在街上；不在一个人里 ——三木清
面，而在许多人中间。

凡有所作为的人，他们的一生几乎无一例外都是 ——箱崎总一
在孤独中度过的。

只有年轻人是自由的。年纪大了，便一寸一寸陷 ——张爱玲
入习惯的泥沼里。不结婚，不生孩子，避免固定
的生活，也不中用。孤独的人有他们自己的泥沼。

我们不肯探索自己本身的价值，我们过分看重他 ——三毛
人在自己生命里的参与。于是，孤独不再美好，
失去了他人，我们惶惑不安。

孤独一点，在你缺少一切的时候，你就会发现， ——沈从文
你还有个你自己。

无聊是对欲望的欲望，我的孤独是认识你的孤独。 ——汪曾祺

有一种人，宁愿无聊也不愿孤独，因为孤独对他 ——汪国真
来说，也是无聊；有一种人，宁愿孤独也不愿无
聊，因为孤独对他来说，只是寂寞。

花全开了，开得到处都是，后来就很孤单。 ——顾城

孤独的心必是充盈的心，充盈得要流溢出来要冲涌出去。 ——史铁生

孤独不是在空茫而寒冷的大海上只身漂流，而是在人群密聚的地方，在美好生活展开的地方——没有你的位置。 ——史铁生

孤独悲凉的心，对那一闪即逝的温情，对那若即若离的同情，对那似晦似明的怜悯，感受却特别敏锐。 ——张贤亮

孤独远比物质的匮乏更令人沮丧。 ——张贤亮

无爱的心灵不会孤独，未曾体味过孤独的人也不可能懂得爱。 ——周国平

孤独是人的宿命。爱和友谊不能把它根除，但可以将它抚慰。 ——周国平

对于有"自我"的人来说，独处是人生中的美好时刻和美好体验，虽则有些寂寞，寂寞中却又有一种充实。 ——周国平

只是希望能有个人，在我说没事的时候，知道我不是真的没事；能有个人，在我强颜欢笑的时候，知道我不是真的开心。 ——张小娴

一个人的孤单，并不可怕。最可怕的是有了伴侣之后的那份孤单。伴侣糟糕，你却不能离开他，那是最孤单的。 ——张小娴

落在一个人一生中的雪，我们不能全部看见。每个人都在自己的生命中，孤独地过冬。 ——刘亮程

从童年起，我便独自一人，照顾着历代的星辰。 ——白鹤林

可一想到终将是你的路人，便觉得，沦为整个世界的路人。风虽大，都绕过我的灵魂。 ——西贝

你承诺过的月亮，还是没有出现，而我无眠，或者，我只是衣单天寒地，替你多爱了一夜人间。 ——张子选

早知半路应相失，不如从来本独飞。 ——萧纲

屏风有意障明月，灯火无情照独眠。 ——江总

孤灯不明思欲绝，卷帷望月空长叹。 ——李白

花间一壶酒，独酌无相亲。举杯邀明月，对影成三人。 ——李白

垂死病中惊坐起，暗风吹雨入寒窗。 ——元稹

凭阑半日独无言，依旧竹声新月似当年。 ——李煜

寂寞

过去都是假的，回忆没有归路，春天总是一去不返，最疯狂执着的爱情也终究是过眼云烟。

——加西亚·马尔克斯

没有相当程度的孤独，不可能有内心的平和。

——叔本华

寂寞者都急于和任何一个邂逅的人交友。

——尼采

如果你独处时感到寂寞，这说明你没有和你自己成为好朋友。

——萨特

我孤独，但不为寂寞所苦。我别无所求。我乐于让阳光将我完全晒熟；我渴望成熟。我迎接死亡，乐于重生。

——赫尔曼·黑塞

我觉得你很像一个终生跋涉的香客，不停地寻找一座可能根本不存在的神庙。

——毛姆

我总是生活在寂寞之中，这种寂寞在青年时使我
感到痛苦，但在成年时却觉得其味无穷。 ——爱因斯坦

忍受孤寂或者比忍受贫困，需要更大的毅力。贫困
不过是降低人的身份，但是孤寂却会败坏人的性格。 ——狄德罗

假如你空虚，就不要独处；假如你无伴，就不要
闲着。 ——约翰生

一个人没有朋友固然寂寞，但如果忙得没有机会
面对自己，可能更加孤独。 ——罗兹

有一天我看了四十三次日落。 ——圣埃克苏佩里

我本可以忍受黑暗，如果我不曾见到太阳。然而
阳光已使我的荒凉，成为更新的荒凉。 ——艾米莉·狄金森

孤独是一座花园，但其中只有一棵树。 ——阿多尼斯

总而言之，在这广阔的世界上，除了自己你无人可
以投靠。 ——村上春树

我只能送你到这里了，剩下的路你要自己走，不
要回头。 ——电影《千与千寻》

所有的人不都是在寻找自己的分身吗？因为找不
到，所以孤独。 ——东野圭吾

人类的悲欢并不相通，我只觉得他们吵闹。　　——鲁迅

寂寞中有不可言传的和谐，静默中有无限的创造。　　——徐志摩

这世界上有那么许多人，可是他们不能陪着你回家。　　——张爱玲

生在这世上，没有一样感情不是千疮百孔的。　　——张爱玲

脸上微微地笑着，寂寞却是彻骨，挥之无力，一任自己在里面恍惚浮沉。　　——三毛

寂寞如影，寂寞如随，旧欢如梦，不必化解，已成共生，要割舍它倒是不自在也不必了。　　——三毛

我所谓的寂寞，是随缘偶得，无须强求，一刹间的妙悟也不嫌短，失掉了也不必怅惘。　　——梁实秋

人年纪轻轻的时节，只要的是热闹生活，不会在寂寞中发现什么的。　　——沈从文

阳光照及大地，随阳光所及，举目临眺，但觉房屋人树及一池清水，无不如相互之间大有关系。然个人生命，转若深感单独，无所皈依，亦无所附丽。　　——沈从文

日子平平地过了一个月，一切人心上的病痛，似乎皆在那份长长的白日下医治好了。　　——沈从文

我有时走出房门，站在午门前的石头坪场上，仰看满天星斗，觉得全世界都是凉的，就我这里一点是热的。

——汪曾祺

热闹是它们的，我什么也没有。

——朱自清

花开如火，也如寂寞。

——顾城

你还没来，我还在等。

——顾城

看天亮起来是件寂寞的事。

——顾城

我什么也没忘，但是有些事只适合收藏，不能说，也不能想，却又不能忘。

——史铁生

生活的最佳状态是冷冷清清的风风火火。

——木心

日黄昏而望绝兮，怅独托于空堂。

——司马相如

落叶他乡树，寒灯独夜人。

——马戴

无言独上西楼，月如钩。寂寞梧桐深院锁清秋。

——李煜

寂寞深闺，柔肠一寸愁千缕。惜春春去，几点催花雨。

——李清照

昨夜西风凋碧树，独上高楼，望尽天涯路。

——晏殊

思念

---·❀·---

欢迎是永远含笑的，告别总是带着叹息。 ——莎士比亚

与其在无望的相思中熬受着长期的痛苦，不如采取一种干脆爽快的行动。 ——莎士比亚

在失意中回忆美好的时光是最大的痛苦。 ——但丁

相爱而不能相见的人们，有千百种虚幻而真实的东西来骗走离愁别恨。 ——雨果

世上总有一颗心在期待、呼唤着另一颗心。 ——塞万提斯

对过去的事谁能挽回勾销呢？就连万能的神也无能为力。 ——弥尔顿

一朝别离，爱人的魔力更加强了，我们的心只记着爱人身上最可宝贵的部分。远方的朋友传来的每一句话，都有些庄严的回声在静默中颤动。 ——罗曼·罗兰

爱情是这样看待时间的：一小时等于一个月，一天等于一年；每个小小的离别都是多么漫长的岁月。 ——德莱顿

即使远远地离开了你，我也不会和你分开，因为在我的心灵里，早已盛满了对你的回忆……那困倦温柔的嘴唇和眼睛，将会尽情地折磨着我的记忆。 ——普希金

痴情一旦被心上人识破，就不是没指望的单相思。 ——塞万提斯

人一旦开始津津乐道起自己的往事，这便表明他已经到了应该退出这个世界的时候了。 ——迪斯累里

心爱的人不在身边，使恋人们时时思念悲叹，使他们感到莫大的痛苦，可是没有什么比短暂的离别更有益于加深相互的情意了。 ——休谟

回忆过去就会削弱自己当前的精力，动摇对未来的希望。 ——高尔基

我们如海鸥之与波涛相遇似的，遇见了，走近了；海鸥飞去，波涛滚滚地流开，我们也分别了。 ——泰戈尔

回忆往日的欢乐使人悲上加悲。

——托·富勒

假如浓密的乌云消散，月亮重新放射出清光，那只是为了让我心中对你的思念永远不会消亡。

——爱明奈斯库

应该忘记过去，过去可以像影子那样跟随着我们，但不能让它成为压在我们背上的包袱。

——普拉托里

我对你的思念如此尖锐，恰似苔草细长的叶子，把手指划破。

——吉娜伊达·贝科娃

也想不相思，可免相思苦。几次细思量，情愿相思苦！

——胡适

燕子去了，有再来的时候；杨柳枯了，有再青的时候；桃花谢了，有再开的时候。但是，聪明的，你告诉我，我们的日子为什么一去不复返呢？

——朱自清

我愿意舍弃一切，以想念你终此一生。

——朱生豪

我尽可能不去缅怀往事，因为来时的路不可能回头。

——三毛

我的爱有多深，我的牵挂和不舍便有多长。

——三毛

你要是愿意，我就永远爱你；你要不愿意，我就永远相思。

——王小波

你再不来，我要下雪了。 ——木心

如果问我思念多重，不重的，像一座秋山的落叶。 ——简媜

相思相见知何日，此时此夜难为情。 ——李白

人面不知何处去，桃花依旧笑春风。 ——崔护

相思一夜情多少，地角天涯未是长。 ——张仲素

人道海水深，不抵相思半。 ——李冶

我住长江头，君住长江尾。日日思君不见君，共饮长江水。
此水几时休，此恨何时已。只愿君心似我心，定不负相思意。 ——李之仪

莫道男儿心如铁，君不见满川红叶，尽是离人眼中血。 ——董解元
《西厢记诸宫调》

三百六十病，唯有相思苦。 ——《醒世恒言》

遗憾

女人是用耳朵恋爱的，而男人如果会产生爱情的话，却是用眼睛来恋爱。

——莎士比亚

爱情只有当它是自由自在时，才会叶茂花繁。认为爱情是某种义务的思想只能置爱情于死地。只需一句话：你应当爱某个人，就足以使你对这个人恨之入骨。

——罗素

爱情抵抗不住烦琐的家务，必须至少有一方品质极坚强。

——巴尔扎克

爱情和婚姻是两股道上跑的车。

——蒙田

当人们厌倦爱时，他们很容易忍受别人的不忠，以解除自己忠诚的义务。

——拉罗什富科

最甜美的是爱情，最苦涩的也是爱情。　　——菲·贝利

爱情的欢乐中掺杂着泪水。　　——罗·赫里克

爱情像月亮，也会有阴晴圆缺的。　　——塞格

男人总希望自己是一个女人的第一个爱人，女人总希望自己是一个男人的最后一个恋人。　　——王尔德

爱情和怨恨往往是同时存在、形影不离的。有时爱得真挚，便恨得深切。　　——纳素夫

爱情是由蜂蜜和胆汁混合而成的。　　——普劳图斯

爱情和名声一样，一旦离去，便永远不会回返。　　——贝恩

一旦爱情得到了满足，它的魅力也就荡然无存。　　——高乃依

幻想中的爱情比现实中所体验的要美得多。　　——康·巴乌斯托夫斯基

你能用金钱买来的爱情，别人也能用金钱将它买去。　　——彭斯

恋爱是女人一生的历史，却是男人一生中的插曲而已。　　——史达尔夫人

友谊可能，而且常常发展成爱情，但是爱情却永远不会下降为友谊。　　——拜伦

每个人的一生中，爱情女神都来敲过门。可是许多人竟在邻室里听不见她。 ——马克·吐温

短暂的离别会促进爱情，长久的分离却会将它扼杀。 ——夏尔·德·圣埃弗雷芒

爱情是个变幻莫测的家伙，它渴望得到一切，却几乎对一切都感到不满。 ——马德莱娜

如果一个人把生活兴趣全部建立在爱情那样暴风雨般的感情冲动上，那是会令人失望的。 ——居里夫人

若我再见到你，事隔经年，我该如何问候？以眼泪，以沉默？ ——拜伦

当我们爱得太厉害的时候，确认别人是否停止了爱是不容易的。 ——拉罗什富科

爱情，如果不能落实到穿衣、吃饭、数钱、睡觉这些实实在在的生活里去，是不容易天长地久的。 ——三毛

我以为爱情可以填满人生的遗憾。然而，制造更多遗憾的，却偏偏是爱情。 ——张爱玲

许多的人看清楚了事实却又不能抛弃理想，于是唯有烦闷。 ——周作人

不是不想爱，不是不去爱，怕只怕，爱也是一种伤害。 ——汪国真

为了避免结束，你避免了一切开始。 ——顾城

这才知道我的全部努力，不过完成了普通的生活。 ——穆旦

那时我们有梦，关于文学，关于爱情，关于穿越世界的旅行。如今我们深夜饮酒，杯子碰到一起，都是梦破碎的声音。 ——北岛

当年不肯嫁春风，无端却被秋风误。 ——贺铸

人生若只如初见，何事秋风悲画扇。 ——纳兰性德

最是人间留不住，朱颜辞镜花辞树。 ——王国维

其实爱情是有时间性的，太早，或是太迟认识，结果都是不行的。 ——电影《2046》

如果我能少喜欢你一点，你会发现我是个特别好的人。有时候，爱会让人面目可憎。 ——八月长安

日落归山海，山海藏深意，没有人不遗憾，只是有人不喊疼。 ——摘自网络

甜蜜

爱情和工作都能使人对外界漠不关心。　　——巴尔扎克

眼睛为她下着雨，心却为她打着伞，这就是爱情。　　——泰戈尔

谈话有一种魅力，就像爱情和醇酒，神不知鬼不　　——塞涅卡
觉地就能诱使我们说出自己的秘密。

爱情存在于奉献的欲望之中，并把情人的快乐视　　——斯韦登伯格
作自己的快乐。

只要男女真心相爱，即使终了不成眷属，也还是　　——丁尼生
甜蜜的。

真正的爱情能够鼓舞人，唤醒他内心沉睡着的力　　——薄伽丘
量和潜藏着的才能。

一见钟情是唯一真诚的爱情；稍有犹豫便就不然了。 ——赞格威尔

爱情，你的话是我的食粮，你的气息是我的醇酒。 ——歌德

爱情不会因为理智而变得淡漠，也不会因为雄心壮志而丧失殆尽。它是第二生命；它渗入灵魂，温暖着每一条血管，跳动在每一次脉搏之中。 ——艾迪生

迄今为止所发生的一切，爱情的陶醉和战栗，占有的痉挛，探听不到秘密激起的怒火，全都消逝得无影无踪：只有爱情带着忧伤甘美的滋味把他紧紧搂住，一种已经几乎没有任何渴望、可是无比强烈的爱情。 ——茨威格

爱情没有规则，也不应该有条件。 ——黎里

爱情使人心的憧憬升华到至善之境。 ——但丁

爱情是发生在两个人之间的一种共同的经验。 ——卡森·麦卡勒斯

爱情是两个亲密的灵魂在生活及忠实、善良、美丽事物方面的和谐与默契。 ——别林斯基

爱情是叹息吹起的一阵烟，恋人的眼中有它净化了的火星，恋人的眼泪是它激起的波涛。它又是最智慧的疯狂，哽喉的苦味，吃不到嘴的蜜糖。 ——莎士比亚

爱情中的甜浆可以抵消大量的苦液，这就是对爱情的总的褒誉。 ——济慈

爱情中的欢乐和痛苦是交替出现的。 ——拜伦

爱情是一朵开在悬崖绝壁上的芬芳的花，摘取它必须有足够的勇气。 ——司汤达

爱情是真实的，是持久的，是我们所知道的最甜也是最苦的东西。 ——夏洛蒂·勃朗特

爱是抵御忧伤的盾牌。 ——萨瓦多尔·夸西莫多

能使所爱的人快乐，便是得了报酬。 ——巴尔扎克

生活是鲜花，爱是花的蜜。 ——雨果

我承认天底下再没有比爱情的责罚更痛苦的，也没有比服侍它更快乐的事了。 ——莎士比亚

恋爱是盲目的，恋人们瞧不见他们自己所干的傻事。 ——莎士比亚

青春的爱情之吻是一个长长的吻。 ——拜伦

爱的情感越是藏在心底，越是藏在无人之地，它就越发强烈。 ——泰戈尔

爱情是理解和体贴的别名。　　　　　　　　　　——泰戈尔

爱情就是充实了的生命，正如盛满了酒的酒杯。　——泰戈尔

爱情有一千个动人心弦而又各不相同的音符。　　——乔治·克雷布

爱情是一种永久的信仰。　　　　　　　　　　　——罗曼·罗兰

什么是爱？爱就是无限的宽容，些许之事亦能带　——萨尔丹
来的喜悦，爱就是无意识的善意，自我的彻底
忘却。

真正的爱情始终使人向上。　　　　　　　　　　——小仲马

真正的爱情是双方互相"无条件投降"。　　　　——福楼拜

爱情就是从众多的人当中，选出一个男人或女　　——列夫·托尔斯泰
人，然后绝不再理会其他异性的行为。

爱情——这不是一颗心去敲打另一颗心，而是两　——伊萨科夫斯基
颗心共同撞击的火花。

爱情是生活中的诗歌和太阳。　　　　　　　　　——别林斯基

爱情带来的痛苦，比任何其他欢乐都远为甜美。　——德莱顿

爱情的领域非常狭小，它狭小到只能容两个人生存。　——席勒

爱情足以使任何沉重的劳动变得不仅轻松，而且愉快。 ——布鲁诺

爱情是永恒的象征：它混淆一切时间概念，使人忘却开始，害怕结束。 ——史达尔夫人

眼泪是爱情的香料，浸在眼泪中的爱情是最可爱的爱情。 ——司各特

爱是情感的升华，它像阳光一样，照耀大地，赋予万物生长的力量，并使之欣欣向荣。 ——雨果

恋爱是青春期开放出的一朵情绪之花。 ——拜伦

真正的爱情像美丽的花朵，它开放的地面越是贫瘠，看来就格外悦眼。 ——巴尔扎克

爱情就像一支箭，总是在猝然不测的时候穿透人的心。 ——显克微支

恋爱是对异性美所产生出来的一种心理上的燃烧的感情。 ——萧伯纳

爱情是指一个光明的字，被一只光明的手写在一张光明的册页上。 ——纪伯伦

所谓永恒的爱，是从红颜到白发，从花开爱到花残。 ——培根

只有爱给你解开不死之谜。　　　　　　　　——费尔巴哈

恋爱是人的第二生命。　　　　　　　　　　——歌德

恋爱是我们第二次的脱胎换骨。　　　　　　——巴尔扎克

在我荒瘠的土地上，你是最后的玫瑰。　　　——聂鲁达

爱是自然流溢出来的奉献。　　　　　　　　——今道友信

初恋，在现实中虽没有结果，但在回忆中它却是　　——白石浩一
朵不凋谢之花。

爱是最复杂的情感，但是也可能最单纯；爱是恒　　——刘墉
久的忍耐，但也可能容不了一粒尘埃。

见了他，她变得很低很低，低到尘埃里。但她心　　——张爱玲
里是欢喜的，从尘埃里开出花来。

喜欢一个人，是不会有痛苦的。爱一个人，也许　　——张爱玲
有绵长的痛苦，但他给我的快乐，也是世上最大
的快乐。

去见你的路上，阳光温热，云朵可爱，想必晚风　　——冰心
吹来也是甜的。

以爱情为基础的婚姻，乃是人间无可比拟的幸福。　——梁实秋

在青山绿水之间，我想牵着你的手，走过这座桥。桥上是绿叶红花，桥下是流水人家，桥的那头是青丝，桥的这头是白发。

——沈从文

我行过许多地方的桥，看过许多次数的云，喝过许多种类的酒，却只爱过一个正当最好年龄的人。

——沈从文

那一年，花开得不是最好，可是还好，我遇到你；那一年，花开得好极了，好像专是为了你；那一年，花开得很迟，还好，有你。

——汪曾祺

你来人间一趟，你要看看太阳。和你的心上人，一起走在街上。

——海子

月色与雪色之间，你是第三种绝色。

——余光中

一寸同心缕，千年长命花。

——庾信

得成比目何辞死，愿作鸳鸯不羡仙。

——卢照邻

自己在乎的东西，别人碰一下，都觉得是在抢；爱到骨子里的人，别人聊一下，都担心会失去，这就是爱情。只有在乎你的人，才会胡思乱想，不是对你不够信任，而是爱一个人，爱到心不由己。

——摘自网络

失恋

爱情里面要是掺杂了和它本身无关的算计，那就
不是真的爱情。

——莎士比亚

既然失恋，就必须死心，断线而去的风筝是不可
能追回来的。

——巴尔扎克

人们之所以对初恋感到神秘，是因为不知道爱情
迟早要终止。

——迪斯累里

谁要是第一次钟情，尽管不幸，也是个神；可是
如果再陷情网，依然很不幸，那就是蠢。

——海涅

我不会半心半意。我要么把整个心都献出来，要
么就什么也不给。

——捷尔任斯基

当你真爱一个人的时候，你是会忘记自己的苦乐
得失，而只是关心对方的苦乐得失的。

——罗曼·罗兰

建筑在美貌上的爱情定会如美貌一样很快地消失。 ——约·多恩

恋人分手之际，还能把话说得平和得体的，肯定是已然变心的那一个。 ——阿兰·德波顿

失恋可能会带来某些痛苦，它伤害脆弱者的心灵，毁掉幸运者的前途；但倘若他是个有活力的人，他的苦恼就可在各种事物的忙碌中得到解脱。 ——欧文

不能摆脱是人生的苦恼根源之一，恋爱尤其是如此。 ——塞涅卡

哪里会有人喜欢孤独，不过是不乱交朋友罢了，那样只能落得失望。 ——村上春树

希望你可以记住我，记住我这样活过，这样在你身边待过。 ——村上春树

真正的爱情绝对是天使的化身，一段孽缘不过是魔鬼的玩笑。 ——三毛

有时候，我们要对自己残忍一点，不必过分纵容自己的哀怜。 ——三毛

爱情有如佛家的禅——不可说，不可说，一说就是错。 ——三毛

心的碎片，重新组合，但再不是天真的我。 ——顾城

你没有如期归来，而这正是离别的意义。 ——北岛

爱情是不能够靠结婚来保障的。 ——苏青

真正的爱情不在于金钱，但金钱却是考验爱情的
试金石。 ——杨楚民

爱的失意者，往往比爱情满足者更宽容更深刻地
认识人间，也比过去更痛彻更不宽容地鞭策着
自己。 ——朱苏进

一个人如果曾经进入过情感世界里，这是一种至
高至上的境界，而一旦失去它，就会像从云端里
跌落下来。 ——关鸿

失恋是一剂奇妙的蒙药。越是失望，越是激情难
抑，幻想联翩。 ——关鸿

失恋而不失德，才是生活的勇士，爱情的强者。 ——蒋元明

对于弱者，一次真正的失恋经历足以摧毁一个世
界；对于强者，则会获得一个世界。 ——赵鑫珊

侯门一入深如海，从此萧郎是路人。 ——崔郊

从此无心爱良夜，任他明月下西楼。 ——李益

此情可待成追忆，只是当时已惘然。 ——李商隐

笑渐不闻声渐悄，多情却被无情恼。 ——苏轼

我本将心向明月，奈何明月照沟渠。 ——高明

凄凉别后两应同，最是不胜清怨月明中。 ——纳兰性德

我们终究无法和解，你已经不是我记忆中的那个人了，我爱的是你，却又不是你。 ——摘自网络

果然，人不耗尽期待是不肯说再见的，每个决定转身的人都曾在风里站了许久。 ——摘自网络

我知天高任鸟飞，也知话说三遍淡如水，所以从此山水一程，再不相逢。 ——摘自网络

你所以为的巧合，不过是另一个人用心的结果。 ——摘自网络

所有的热情，都会在沉默和失望中消失殆尽，没有例外。 ——摘自网络

你错过了我需要你的时候，再出现就没有意义了，迟来的阳光，救不了枯萎的向日葵。 ——摘自网络

性格篇

每个人都是自己个性的工程师

个性

天才在孤独中最易培养，性格在暴风雨中最易
形成。
——歌德

我知道的东西谁都可以知道，而我的个性却为我
所独有。
——歌德

人在很多情况下不仅不同于别人，而且在各时期
中的自我也是各异的。
——巴斯卡

凡是个性强的人，都像行星一样，行动的时候，
总把个人的气氛带了出来。
——哈代

你的良知在说什么？你要成为你自己。
——尼采

一个天生顺从的人，即使置身帝王的宝座也依然
顺从。
——沃维纳格

一个人的房子，一个人的家具，一个人的衣服，他所读的书，他所交的朋友——这一切都是他自身的表现。

——亨利·詹姆斯

性格是一个人看不见的本质。

——穆迪

踩着别人脚步走路的人，永远不会留下自己的脚印。

——爱因斯坦

人一生的任务恰恰是既要实现自己的个性，同时又要超越自己的个性。

——弗洛姆

人们生而平等，但又生来个性各有千秋。

——弗洛姆

个性就是差别，差别就是创造。

——爱迪生

每个人的个性都有它自己的一套，理智也人会被它牵着鼻子走。

——索尔·贝娄

尽力"成为某一个人"是没有用处的，你就是你现在这个人。

——马克斯威尔·马尔兹

每个人都有三重性格：他所表现出来的性格，他所具备的性格和他认为自己所具有的性格。

——卡尔

倾听每一个人的意见，可是只对极少数人发表你的意见；接受每一个人的批评，可是保留你自己的判断。

——莎士比亚

教育的目的是培养人的个性。 ——赫伯特·斯宾塞

一个人无论做出多少件事来，我们都可以在里面认出同样的性格。 ——爱默生

有些人坦率，真诚待天下；有些人隐晦，藏头不露尾。 ——蒲柏

一个具有良好、温和、优雅性格的人，就是在贫乏的环境中也能怡然自得。 ——叔本华

个性和魅力是学不会，装不像的。 ——海因里希·伯尔

好脾气是人生的一笔财富。 ——拉罗什福科

卑鄙与伟大、恶毒与善良、仇恨与热爱是可以互不排斥地并存在同一颗心里的。 ——毛姆

没有自己的面貌，就不可能有一张理想的脸；只有那种庸俗粗鄙的脸才可以没有自己的面貌。 ——屠格涅夫

一个人的个性应该像岩石一样坚固，因为所有的东西都建筑在它上面。 ——屠格涅夫

一个面具套不下所有人的脸。 ——高尔基

只有深哀和极乐才能显露你的真实。 ——纪伯伦

一个具有天才的人——具有超人的性格，决不遵循通常人的思想和途径。 ——司汤达

造就政治家的，绝不是超凡出众的洞察力，而是他们的性格。 ——伏尔泰

我不认为女人没有个性，只是她们每天都有新的性格罢了。 ——海涅

所谓风格是一个人的灵魂。 ——罗曼·罗兰

每个人都有他隐藏的精华，和任何别人的精华不同，它使人具有自己的气味。 ——罗曼·罗兰

只有长期养成的习惯才能多少改变人的天生气质和性格。 ——培根

我谁也不模仿。我不去奴隶似的跟着时尚走。我只要看上去就像我自己，非我莫属。 ——索菲娅·罗兰

我们不必羡慕他人的才能，也不必悲叹自己的平庸；每个人都有他的个性魅力。最重要的，就是认识自己的个性并加以发展。 ——松下幸之助

一个没有任何个性的人，只能做出一般产品。只有在工作中发挥个性，才能有新的点子，找出新的方向。 ——大松博文

我们要内在有自我的坚持，在外又能与人随和相处，能在这两者间平衡，真是大智慧。

——蒋勋

没有个性，不是一个好的艺术家；仅有个性，也不是一个好的艺术家。

——汪国真

自信的性格是一个男子必需的性格，在爱或事业上，都依赖着这一种性格，才能有惊人的成绩。

——沈从文

不要论他人短长是非，也不必计较自己短长是非让人去论，不热羡，不怨恨，以自己的生命体验着走，这就是性格和命运。

——贾平凹

幽默是一种人性修养，也是一种人生态度。

——梁晓声

如果你的个性让很多人对你敬而远之，那么你的个性是失败的。个性的成功在于能吸引，而不是能排斥。

——李开复

太刚则折，太柔则废。

——《汉书》

自古圣贤尽贫贱，何况我辈孤且直！

——鲍照

仰天大笑出门去，我辈岂是蓬蒿人。

——李白

人之性如水焉，置之圆则圆，置之方则方。

——傅玄

能忍人之所不能忍，乃能为人之所不能为。

——胡林翼

修养

在缺乏教养的人身上，勇敢就会成为粗暴，学识就会成为迂腐，机智就会成为逗趣，质朴会成为粗鲁，温厚就会成为谄媚。

——约翰·洛克

修养的本质如同人的性格，最终还是归结到道德情操这个问题上。

——爱默生

要有一颗永不变硬的心，一副永不厌倦的脾气，以及一种永不受损的风格。

——狄更斯

只有美貌而缺乏修养的人是不值得赞美的。

——培根

有些老人显得很可爱，因为他们的作风优雅而美。而尽管有的年轻人具有美貌，却由于缺乏优美的修养而不配得到赞美。

——培根

要使人成为真正有教养的人，必须具备三个品质：渊博的知识、思维的习惯和高尚的情操。

——车尔尼雪夫斯基

要勇敢而不要暴躁，要服从而不要低声下气，要坚强而不要顽固，要谦逊而不要做作。

——苏沃洛夫

只有不够聪明的人才批评、指责和抱怨别人。但是，善解人意和宽恕他人，需要修养和自制的功夫。

——卡耐基

人的思想是可塑的。一个人如果每天观赏同一幅好画，阅读某部佳作中的一页，聆听一支妙曲，就会变成一个有文化修养的人。

——罗斯金

严肃的人模仿高尚人的行动，轻浮人则模仿卑劣人的行动。

——亚里士多德

一个人必须把他的全部力量用于努力改善自身，而不能把他的力量浪费在任何别的事情上。

——列夫·托尔斯泰

对别人述说自己，这是一种天性；因此，认真对待别人向你述说的他自己的事，这是一种教养。

——歌德

许多思想是从一定的文化修养上产生出来的，就如同幼芽是长在绿枝上一样。

——歌德

一个杰出的女子的心灵和生活习惯，都可以从布置上看出来。

——巴尔扎克

不要把痰吐在井里，哪天你口渴的时候，也要上井边来喝水的。 ——克雷洛夫

有一种毫不做作的良好教养，每个人都能感觉到它，但只有那些天性善良的人才实践着它。 ——切斯特菲尔德

缺乏良好教养的人无法明白朴素和自然标志着最真实的高贵。 ——毛姆

每个人就像一个纸杯，知识、涵养像杯里的水。别人不会看到你杯子里的水，别人看到的只是溢出的那一点点。当你的内涵溢出时，自然会被发现。 ——重冈胜夫

如果不学好治理自己，就会陷入灭亡的深渊。 ——池田大作

有教养的人或受过理想教育的人，不一定是个博学的人，而是个知道何所爱何所恶的人。 ——林语堂

以我们一般人而言，最简便的修养方法是读书。 ——梁实秋

修养的花儿在寂静中开过去了，成功的果子便要在光明里结实。 ——冰心

修养，不是说不会发脾气，而是说不会轻易发脾气。不会发脾气的人不一定是有修养的人，动不动就发脾气的人，则是缺乏修养的人。 ——汪国真

君子如水，随方就圆，无处不自在。 ——证严法师

修行要系缘修心，借事练心，随处养心。 ——证严法师

一个人简单就会显得年轻，一世故就会显老。 ——周国平

善气迎人，亲如弟兄；恶气迎人，害于戈兵。 ——《管子》

夫君子之行，静以修身，俭以养德。非淡泊无以明志，非宁静无以致远。 ——诸葛亮

大怒不怒，大喜不喜，可以养心；靡俗不交，恶党不入，可以立身；小利不争，小忿不发，可以和众。 ——傅昭

厚德可载物，拙诚可信人。 ——傅昭

天下之难持者莫如心，天下之易染者莫如欲。 ——吕希哲

君子处其实，不处其华；治其内，不治其外。 ——张居正

安详是处事第一法，谦退是保身第一法，涵容是处人第一法，洒脱是养心第一法。 ——《小窗幽记》

处富贵之时，要知贫贱的痛痒；值少壮之日，须念衰老的辛酸；入安乐之场，当体患难人景况；居旁观之地，务悉局内人苦心。 ——《格言联璧》

格局

人生不是一种享乐，而是一桩十分沉重的工作。　　——列夫·托尔斯泰

对心胸卑鄙的人来说，他是嫉妒的奴隶；对有学　　——卡尔·波普尔
问、有气质的人而言，嫉妒却化为竞争心。

不管怎样的事情，都请安静地愉快吧！这是人　　——卢森堡
生。我们要依样地接受人生，勇敢地、大胆地，
而且永远地微笑着。

只有勇敢的人才懂得如何宽容；懦夫决不会宽　　——斯特恩
容，这不是他的本性。

天地专为胸襟开阔的人们提供了无穷无尽的赏心　　——雨果
乐事，让他们尽情受用，而对于心胸狭窄的人们
则加以拒绝。

最高贵的复仇是宽容。

——雨果

心胸豁达，足能涵万物；心胸狭隘，不能容一粒沙。

——安东尼奥·波尔斯亚

应该让别人的生活因为有了你的存在而更加美好。

——茨巴尔

我只知道，假如我去爱人生，那人生一定也会爱我。

——阿鲁道夫·鲁宾斯坦

一种对待他人的大方豁达态度不仅能给他人带来快乐，也是持这一态度的人获取快乐的巨大源泉，因为它使他受到普遍的喜爱和欢迎。

——罗素

生活中有许多这样的场合：你打算用愤恨去实现的目标，完全可能由宽恕去实现。

——西德尼·史密斯

多读一些书，让自己多有一点自信，加上你因了解人情世故而产生的一种对人对物的爱与宽恕的涵养。那时，你自然就会有一种从容不迫、雍容高雅的风度。

——罗曼·罗兰

我们一生中的错误有一半是在探索如何思考和思考如何探索中犯的。

——丘·柯林斯

当一切似乎都不顺利的时候，请记住——飞机是逆风而起的，而不是顺风而起。

——亨利·福特

人们应该彼此容忍：每一个人都有弱点，在他最
薄弱的方面，每一个人都能被切割捣碎。

——济慈

伟大的心胸，应该表现这样的气概——用笑脸来
迎接悲惨的厄运，用百倍的勇气来应付一切的
不幸。

——鲁迅

改造自己，总比禁止别人来得难。

——鲁迅

大着肚皮容物，立定脚跟做人。

——弘一法师

达观产生宽宏的怀抱，能使人带着温和的讥评
心理度过一生，丢开功名利禄，乐天知命地过
生活。

——林语堂

人生有时颇感寂寞，或遇到危难之境，人之心
灵，却能发出妙用一笑置之，于是又轻松下来。
这是好的，也可以看出人之度量。

——林语堂

世间最可怕的是狭隘，一切干涉与迫害都从这里
出来的。

——周作人

刻意去找的东西，往往是找不到的，天下万物的
来和去，都有它的时间。

——三毛

屋宽不如心宽。

——证严法师

太阳光大，父母恩大，君子量大，小人气大。

——证严法师

我们做人要学习吃亏、包容，常以慈悲布施之心待人，对于所拥有的一切，能知足、感恩，常想"我能给别人什么"，自然能够胸怀大众，心中常乐。

——星云大师

潇洒和豁达是人生很重要的一种态度。要知道这个世界上有两个东西不会变：第一是世界运行规律不变，日出、日落是恒久的；第二就是人性不会变，人性中的自私、贪婪不会变，但是同情心和良心也不会变。

——俞敏洪

百姓多寒无可救，一身独暖亦何情！

——白居易

地之秽者多生物，水之清者常无鱼。

——《菜根谭》

肝肠煦若春风，气骨清如秋水。

——《菜根谭》

海纳百川，有容乃大；壁立千仞，无欲则刚。

——林则徐

歌几回时笑几回，人生全要自开怀。

——石成金

大事难事看担当，逆境顺境看襟度；临喜临怒看涵养，群行群止看识见。

——《格言联璧》

度量如海涵春育，应接如流水行云。

——《格言联璧》

谦虚

一个骄傲的人，结果总是在骄傲里毁灭了自己。——莎士比亚
他一味对镜自赏，自吹自擂，遇事只顾浮夸失
实，到头来只是事事落空而已。

对上司谦逊，是一种责任；对同事谦逊，是一种 ——富兰克林
素养；对部属谦逊，是一种尊荣。

我们各种习气中再没有一种像骄傲那么难克服的 ——富兰克林
了。虽极力藏匿它，克服它，消灭它，但无论如
何，它在不知不觉之间，仍旧显露。

善良和谦虚是永远不应令人厌恶的两种品德。 ——史蒂文森

一个真正的伟人其第一个考验即是谦让。 ——罗斯金

我们的骄傲多半是基于我们的无知！ ——莱辛

傲慢的表情比傲慢的性格更坏，这是毫无疑问的。傲慢的性格只会偶尔伤害你，而傲慢的表情却会使你不断受到伤害。所谓的低调就是不露痕迹的高调。

——山本耀司

绝不要陷于骄傲。因为一骄傲，你们就会在应该同意的场合固执起来；因为一骄傲，你们就会拒绝别人的忠告和友谊的帮助；因为一骄傲，你们就会丧失客观标准。

——巴甫洛夫

切勿出言不逊，一旦骄傲的言辞冲口而出，就不易把它们追回。

——桑德堡

我生怕承受不了自己的巨大成功，一再告诫自己不要让任何愚蠢的主意冲昏了头脑。

——洛克菲勒

假如你才智平庸，谦虚就是真诚；然而假如你天赋甚高，谦虚即是虚伪。

——叔本华

把高傲伪装起来，并不就是谦虚。不如暴露自己某些不能克制的缺点，把它变成一种力量。

——马丁·杜·加尔

真正的学者就像田野上的麦穗。麦穗空瘪的时候，它总是长得很挺，高傲地昂着头；麦穗饱满而成熟的时候，它总是表现得温顺的样子，低垂着脑袋。

——蒙田

人不该有高傲之心，高傲会开花，结成破灭之果。在收获的季节，会得到止不住的眼泪。 ——埃斯库罗斯

一切真正的和伟大的东西，都是纯朴而谦逊的。 ——别林斯基

性格篇

自夸聪明的人，有如囚犯夸耀其囚室宽敞。 ——西蒙

骄傲的人必然嫉妒，他对于那最以德行受人称赞的人便最怀忌恨。 ——斯宾诺莎

自卑虽是与骄傲相反，但实际却与骄傲最为接近。 ——斯宾诺莎

如果有人自认为是专家，我们便认为有必要摆脱他，因为除非他真正了解他的工作，否则不会有人自认为是专家。一旦一个人进入专家式的思维状态，那么很多的事情就变得不可能了。 ——亨利·福特

一个发怒的人仅为一点小事而大发雷霆时，你就可以大胆肯定，这个人不是聪明而是骄傲。 ——格里美尔斯豪森

一个人如果把从别人那里学来的东西算作自己的发现，这也很接近于虚骄。 ——黑格尔

世上再没有比骄傲自大更可怕的了，骄傲自大会毁灭英才和天才。 ——木树久一

谦和的态度常会使别人难以拒绝你的要求，这也是一个人无往不胜的要诀。

——松下幸之助

谦，美德也，过谦者怀诈；默，懿行也，过默者藏奸。

——弘一法师

就我自己而论，没有感到和没有知道的事真不知有多少。

——鲁迅

骄傲自满是我们的一座可怕的陷阱，而且，这个陷阱是我们自己亲手挖掘的。

——老舍

一个真熟悉自己的人，就没法不谦虚，谦虚使人的心缩小，像一个小石卵，虽然小，而极坚固。坚固才能老实。

——老舍

学者永远是虚心的，偶有所得亦不敢沾沾自喜，更不肯大吹大擂地目空一切，作小家子气。

——梁实秋

知道自己的短处，这比知道自己的长处更为要紧。

——刘心武

不傲才以骄人，不以宠而作威。

——诸葛亮

傲不可长，欲不可纵，乐不可极，志不可满。

——魏徵

人生大病，只是一"傲"字。

——王守仁

稳重

在这种变化莫测的尘世上，遇事还是尽量把稳一点才好。　　——马克·吐温

宁可沉稳地活出自己，也不要一味追求别人的认可。　　——王尔德

稳重的人永远不会惊慌失措，即使经历了最大的阻碍也不会停止前进。　　——塞涅卡

世界上只有一种英雄主义，那就是沉稳地走好自己的路，而不受他人的浑浊影响。　　——卢梭

稳重的人会更加宽容，他们不会过分强调自己的观点，而是认真聆听他人的意见，乐于接受不同的观点。　　——布罗德里克

如果坚持安稳的生活，就会失去改变这个世界的可能性，更无法得到自己想要的成功。

——爱默生

不要过分地醉心放任自由，一点也不加以限制的自由，它的害处与危险实在不少。

——克雷洛夫

自满、自高自大和轻信，是人生的三大暗礁。

——巴尔扎克

一个目光敏锐、见识深刻的人，倘又能承认自己有局限性，那他离完人就不远了。

——歌德

心灵上的谨慎和谦恭是唯一无二的美德。

——司汤达

不要把自己看得太重要，没有你，事情一样可以做得好。

——迈兹纳

人到了成熟之年，应能摆脱轻浮，锻炼出稳定的理智。不管幸与不幸，都能奋发有为。

——罗曼·罗兰

唐突是一个铜子也不值得的。这是一种最廉价、最低级的奇特。

——屠格涅夫

真正的坚忍是当一个人无论遇到什么灾祸或危险的时候，他都能够镇静自处，尽责不辍。

——洛克

无论做什么事情，都不要着急，不管发生什么事，都要冷静、沉着。

——狄更斯

聪明的男人要冷静的女人来对付，但是愚蠢的男人就要是个相当聪明的女人才能对付。 ——吉卜林

稳重是一种智慧，是一种心态，它可以让你始终保持冷静，不受情绪的影响，做出更有价值的选择。 ——克莱因

无事时戒一"偷"字，有事时戒一"乱"字。 ——弘一法师

冷静的心在任何环境里都能建立了更深微的世界。 ——冰心

或许我们会永远平凡，平凡也有宁静的风度。 ——汪国真

无论人生遭遇到什么，不管是预料之中还是情理之外，沉静永远是必备的心理宝藏。 ——刘心武

这就是人类的劣根性，当他们的敌人越镇定时，他们自己就越不镇定。 ——古龙

少言语，善下人，喜怒不形于色。 ——陈寿

宠辱不惊，闲看庭前花开花落；去留无意，漫随天外云卷云舒。 ——《小窗幽记》

处事迟而不急，大器晚成；知机决而能藏，高才早发。 ——陈抟

意志

尽管我们用判断力思考问题，但最终解决问题的
还是意志，而不是才智。

——沃勒

意志，自己的意志，它能够给人比自由更好的
权力。你有意志——你就会自由，就能够指挥
别人。

——屠格涅夫

人最凶恶的敌人，就是自己薄弱的意志力和愚蠢。

——高尔基

要是一个人，能充满信心地朝他理想的方向去
做，下定决心过他所想过的生活，他就一定会得
到意外的成功。

——卡耐基

意志是每一个人的精神力量，是要创造或是破坏
某种东西的自由憧憬，是能从无中创造奇迹的创
造力。

——莱蒙托夫

追求伟大成就的意志，就是取得伟大成就的秘诀。 ——茨威格

一个意志坚强的人归根结底一定比任何制度都更强大。 ——茨威格

即使我是一株生长在山崖间的岩石下面的小草或者小树，我也要极其顽强地顺着岩石的缝隙向外生长出来，变得粗壮。 ——司汤达

谁中途动摇信心，谁就是意志薄弱者；谁下定决心后，缺少灵活性，谁就是傻瓜。 ——诺尔斯

无所事事只是薄弱意志的避难所。 ——斯坦霍普

没有力量的意志就如同假装士兵的孩子。 ——坎宁

意志力坚定时，脚步自然不再沉重。 ——乔治·赫伯特

不做什么决定的意志不是现实的意志；无性格的人从来不做决定。 ——黑格尔

人们并不欠缺力量，而是缺乏意志力。 ——雨果

对于那些有自信不介意于暂时失败的人，没有所谓失败！对于怀着百折不挠的坚定意志的人，没有所谓失败！ ——雨果

我们的身体就像一座园圃，我们的意志是这园圃里的园丁……让它荒废不治也好，把它辛勤耕植也好，那权力都在于我们的意志。

——莎士比亚

意志是无限的，但实行起来却往往有许多不可能；欲望是无穷的，然行为亦必须受制于种种束缚。

——莎士比亚

没有伟大的意志力，就不可能有雄才大略。

——巴尔扎克

谁今天可耻地意志消沉，明天他就会痛苦地死掉。

——卡莱尔

字典里最重要的三个词就是意志、工作、等待。我将要在这三块基石上建立我成功的金字塔。

——巴斯德

只要有坚强的意志力，就自然而然地会有能耐、机灵和知识的。

——陀思妥耶夫斯基

哪里有意志存在，哪里就会有出路。

——歌德

力量并非体力的代名词，真正的力量是坚忍不拔的钢铁意志产生的。

——阿卜杜拉

一个没有原则和没有意志的人就像一艘没有舵和罗盘的船，他会随着风向的变化而随时改变自己的方向。

——史美尔斯

思想的形成，首先是意志的形成。

——莫洛亚

衰弱之躯造就薄弱意志。

——卢梭

一只牛虻有意志力，就能征服一头优柔寡断的牛。

——卡赞扎基

宿命论是那些缺乏意志力的弱者的借口。

——罗曼·罗兰

人类所有的力量，只要耐心加上时间的混合，所谓强者，是既有意志，又能等待时机。

——巴尔扎克

意志，是唯一不会耗竭的力量，也是人人永远具备的力量。

——叔本华

滴水穿石不是靠力，而是因为不舍昼夜。

——奥维狄乌斯

自己认准的路，不管谁说什么，都要挺起胸膛走到底。

——池田大作

我的态度是一息尚存，还是要干，干到不能再干为止，决不屈服。我认为挫折磨难是锻炼意志、增加能力的好机会。

——邹韬奋

壮心欲填海，苦胆为忧天。

——文天祥

盖士人读书，第一要有志，第二要有识，第三要有恒。

——曾国藩

品格

灵魂高尚的人必自尊。 ——尼采

人应尊敬他自己，并应自视能配得上最高尚的 ——黑格尔
东西。

当我们的人格降低时，我们的趣味也跟着下降。 ——拉罗什富科

批评一个人人格的好坏，不但得看这个人已经做 ——哈代
过的事，还得看他的目的和冲动；好坏的真正
依据，不是已成事实的行为，却是未成事实的
意向。

品格是你在黑暗中的为人。 ——穆迪

我们之所以爱一个人，是因为我们认为那个人具 ——卢梭
有我们所尊重的品质。

一经打击就灰心泄气的人，永远是个失败者。 ——毛姆

尊重别人的长处，在任何情况下都平等待人的人，才是道德高尚的人。 ——苏霍姆林斯基

容易发怒，是品格上最为显著的弱点。 ——但丁

性格篇

要尊重每一个人，不论他是何等卑微与可笑。要记住活在每个人身上的是和你我相同的性灵。 ——叔本华

我们的一切事业都只趋向于两个目的：为了自己生活的安乐和在众人之中受到尊敬。 ——卢梭

品行是一面镜子，从这上面可以照出每个人的形象。 ——歌德

任何问题都有解决的办法，无法可想的事是没有的，要是你果真弄到了无法可想的地步，那也只能怨自己是笨蛋，是懒汉。 ——爱迪生

一个人在讲述别人的品格时，最能暴露出他自己的品格。 ——里克特

我未曾见过一个早起勤奋谨慎诚实的人抱怨命运不好；良好的品格，优良的习惯，坚强的意志，是不会被假设所谓的命运击败的。 ——富兰克林

真正的英雄绝不是永远没有卑下的情操，只是永不被卑下的情操所屈服罢了。

——罗曼·罗兰

女性需要优异的信心，甚于基于道理的信心，男性需要严肃的信心，甚于优异的信心。

——裴贝尔

一个人的人格可以从他的眼神、笑容、言语、热忱、态度显示出来。

——乔·吉拉德

人必须通过财富和安逸的考验，始知其身的坚强。

——古塞

并不是每一个外表美好的人都有完美的心灵，因为品德在于内心。

——萨迪

才能，可以在寂静之处培养；而人格却须在人世波涛中形成。

——歌德

在任何情况之下，天神都不会用镣铐来束缚他所创造的人的；他使他们的生活经常发生变化，从而得到启发。

——泰戈尔

患难困苦，是磨炼人格之最高学府。

——梁启超

立脚点上求平等，于出头处谋自由。

——陶行知

品性一半是生成，一半是教养；品性的表现出于自然，是整个儿的为人。

——朱自清

人都有两面，一面是自尊，一面是自卑，这两面永远矛盾地存在于人的心灵深处。

——琼瑶

如果有来生，要做一棵树，站成永恒。没有悲欢的姿势，一半在土里安详，一半在风里飞扬，一半洒落阴凉，一半沐浴阳光。非常沉默，非常骄傲，从不依靠，从不寻找。

——三毛

一个人的胸怀能容得下多少人，才能赢得多少人。

——一凡

可使寸寸折，不能绕指柔。

——白居易

不受尘埃半点侵，竹篱茅舍自甘心。

——王淇

富贵不淫贫贱乐，男儿到此是豪雄。

——程颢

青山是处可埋骨，白发向人羞折腰。

——陆游

宁可枝头抱香死，何曾吹落北风中。

——郑思肖

菊花到死犹堪惜，秋叶虽红不耐观。

——戴复古

不要人夸好颜色，只留清气满乾坤。

——王冕

树坚不怕风吹动，节操棱棱还自持。

——于谦

质本洁来还洁去，强于污淖陷渠沟。

——曹雪芹

自信

你如何看待自己，远比他人如何看待你重要得多。　　——塞涅卡

缺乏信心并不是因为出现了困难，而出现困难倒是因为缺乏信心。　　——塞涅卡

每个人应该有这样的信心：人所能负的责任，我必能负；人所不能负的责任，我亦能负。　　——林肯

不管我们踩什么样的高跷，没有自己的脚是不行的。　　——布莱希特

默认自己无能，无疑是给失败制造机会！　　——拿破仑

那些即使遇到了机会，还不敢自信必能成功的人，只能得到失败。　　——叔本华

先相信自己，然后别人才会相信你。 ——罗曼·罗兰

在真实的生命，每桩伟业都有信心开始，并由信心跨出第一步。 ——奥格斯特·冯史勒格

对于凌驾命运之上的人来说，信心是命运的主宰。 ——海伦·凯勒

自信是承受大任的第一要件。 ——詹森

如果你对自己都没有信心的话，很少有人会对你有信心。胜利终将属于那些相信自己能够成功的人。 ——理查德·巴赫

自信是英雄的本质。 ——爱默生

征服者之所以成功是因为他们相信自己有能力征服。 ——爱默生

自信就是成功的第一秘诀。 ——爱默生

一个人除非自己有信心，否则不能给别人带来信心。 ——阿诺德

一个人是否有成就，只看他是否具有自尊心和自信心两个条件。 ——苏格拉底

切莫垂头丧气，即使失去了一切，你还握有未来。 ——王尔德

一百个满怀信心和决心的人，要比一万个谨小慎微的和可敬的可尊重的人强得多。 ——辛克莱

发明家全靠一股了不起的信心支持，才有勇气在不可知的天地中前行。 ——巴尔扎克

失去金钱的人损失甚少，失去健康的人损失极多，失去勇气的人损失一切。 ——塞尼加

能够使我飘浮于人生的泥沼中而不致陷污的，是我的信心。 ——但丁

自尊心是进步之母，自贱心是堕落之源，故自尊心不可无，自贱心不可有。 ——邹韬奋

凡是轻易灰心失望的人，都只是不曾认清他挑的是一个百斤的重担，走的是一条万里的长路。 ——胡适

人，只要有一种信念，有所追求，什么艰苦都能忍受，什么环境也都能适应。 ——丁玲

你应当自己有自信，不用担心别人不相信。一个人常常因为对自己缺少自信，才要从别人相信中得到证明。 ——沈从文

天生我材必有用，千金散尽还复来。 ——李白

会当凌绝顶，一览众山小。　　　　　　　　——杜甫

十年磨一剑，霜刃未曾试。　　　　　　　　——贾岛

他年我若为青帝，报与桃花一处开。　　　　——黄巢

门前流水尚能西！休将白发唱黄鸡。　　　——苏轼

何须浅碧深红色，自是花中第一流。　　　　——李清照

青山处处埋忠骨，何须马革裹尸还。　　　　——龚自珍

好风凭借力，送我上青云。　　　　　　　　——曹雪芹

有志不在年高，无志空活百岁。　　　　　　——石玉昆

生活篇

听风八百遍
才知是人间

亲情

人世间最美丽的情景出现在当我们怀念母亲的时候。 　　——莫泊桑

世界上有一种最美丽的声音，那便是母亲的呼唤。 　　——但丁

时间可以让人丢失一切，可是亲情是割舍不去的。即使有一天，亲人离去，但他们的爱却永远留在子女灵魂的最深处。 　　——高尔基

世界上的一切光荣和骄傲，都来自母亲。 　　——高尔基

全世界的母亲是多么相像！她们的心始终一样，每一个母亲都有一颗极为纯真的赤子之心。 　　——惠特曼

青春会逝去；爱情会枯萎；友谊的绿叶也会凋零。而一个母亲内心的希望比它们都要长久。 　　——荷马

母爱是世间最伟大的力量。　　　　　　　　——米尔

无论对谁来说，母亲都是灵魂的故乡，生命的　　——池田大作
绿洲。

只有做母亲的人，才懂得母亲的爱心。　　　　——蒙塔古夫人

母亲的教育决定了子女未来的前途。　　　　　——拿破仑

在孩子们的口中和心底，母亲就是上帝的名称。　——萨克雷

我的生命是从睁开眼睛，爱上我母亲的面孔开　　——乔治·艾略特
始的。

父亲，应该是一个气度宽大的朋友。　　　　　——狄更斯

慈母的胳膊是由爱构成的，孩子睡在里面怎能不　——雨果
香甜？

女人固然是脆弱的，母亲却是坚强的。　　　　——雨果

就是在我们母亲的膝上，我们就获得了我们最高　——马克·吐温
尚、最真诚和最远大的理想，但是里面很少有任
何金钱。

我给我母亲添了不少乱，但是我认为她对此颇为　——马克·吐温
享受。

父母之心，是最仁慈的法官，是最贴心的朋友，是爱的太阳，它的火焰照耀温暖着凝集在我们心灵深处的意向。　　——马克思

母亲的心是一个深渊，在它的最深处你总会得到宽恕。　　——巴尔扎克

当黄昏时走在田野上，那如此不可排遣地困惑着我的心的是对于故乡路上的畜粪的气息和村边的畜棚里的干草的气息的记忆啊……　　——艾青

家乡是个贼，他能偷去你的心！　　——闻一多

乡愁最是个无情的恶魔，他能教你眼前的春光变作沙漠。　　——闻一多

成功的时候，谁都是朋友。但只有母亲——她是失败时的伴侣。　　——郑振铎

失去了慈母便像花插在瓶子里，虽然还有色有香，却失去了根。　　——老舍

世界上无论什么名誉，什么地位，什么幸福，什么尊荣，都比不上待在母亲身边，即使她一字也不识。　　——季羡林

父母也好，爱人也罢，朋友同事，所有的人，他们在时，都是恩赐，是上苍给你的礼物，所以要加倍珍惜和感激；而一旦离开，也别太伤感。你要明白，离开是正常的，孤独才是生命的常态。

——季羡林

我懂得母亲没有说完的话。妹妹也懂。我俩在一块儿，要好好儿活……

——史铁生

她心里太苦了，上帝看她受不住了，就召她回去。

——史铁生

多年来我头一次意识到，这园里不单是处处都有过我的车辙，有过我的车辙的地方也都有过母亲的脚印。

——史铁生

人的故乡，并不止于一块特定的土地，而是一种辽阔无比的心情，不受空间和时间的限制。这心情一经唤起，就是你已经回到了故乡。

——史铁生

掉头一去是风吹黑发，回首再来已雪满白头。

——余光中

父母之年，不可不知也。一则以喜，一则以惧。

——《论语》

父母之爱子，则为之计深远。

——《战国策》

征夫怀远路，游子恋故乡。

——苏武

孤客一身千里外，未知归日是何年。

——崔涤

家庭

把美德、善行传给你的孩子们，而不是留下财富，只有这样才能给他们带来幸福。 ——贝多芬

幸福的家庭都是相似的，不幸的家庭各有各的不幸。 ——列夫·托尔斯泰

你如果想要快乐，就该把忍耐带到你家里去。 ——王尔德

只为家庭活着，这是禽兽的私心；只为一个人活着，这是卑鄙；只为自己活着，这是耻辱。 ——奥斯特洛夫斯基

与其批评孩子，不如做个榜样。 ——茹贝尔

孩子的性情并不只是其父母性情中各种元素的重新排列组合，他性情中有些东西在其父母的性情中根本找不到。 ——劳伦斯

父亲和母亲的一切生活，一举一动，应该作为儿女的榜样，也是父母对儿女互相关心的基础。

——别林斯基

儿童不是用规则可以教得好的，规则总是会被他们忘掉的。但是习惯一旦培养成功之后，便用不着借助记忆，很容易地、自然地就能发生作用了。

——约翰·洛克

父亲的教育方法是鼓励，而不是逼迫和苛求；是随我们的个性发展，而决不强迫我们铸成固定的模式。

——罗曼·罗兰

父亲的名声有时无助于儿子，反而会淹没他：他们彼此站得太近，阴影扼杀了成长。

——本·琼森

我们给子女最好的遗产就是放手让他自奔前程，完全依靠他自己的两条腿走自己的路。

——邓肯

一个受了不良教育的孩子，远远不如没有受过任何教育的孩子聪明。

——卢梭

做母亲的无论怎样忙，她必须找时间教养孩子，即使影响了自己的休息或者家务操作。

——马霍娃

你希望子女将来怎样待你，你就怎样待你的父母。

——伊索克拉底

老年人是又一度的孩子。

——阿里斯托芬

生活篇

对孩子要尊重，不要过多地在他们面前施展父母的威严，他们单独待着的时候，不要去打搅他们。 ——爱默生

情人的爱会冷却，丈夫会厌恶妻子，唯独父母之爱，与我们终生同在。 ——勃朗宁

典型的具有献身精神的爱是母爱。将自己的一切奉献给孩子——母爱就是如此彻底，也可以说是生命的本能。 ——池田大作

家庭者，人生最初之学校也。 ——蔡元培

当闲情逸致和柔情蜜意存在之时，家居生活才能成为一种艺术和享受。 ——林语堂

孩子应多睡一点，因为正在发育，大人应当少睡，方能做出一点事情！ ——沈从文

一个美好的家庭，乃是一切幸福和力量的根源。 ——冰心

世界上没有一个地方比自己的家更舒适，无论那个家是多么简陋、多么寒碜。 ——梁实秋

我一向不相信孩子是未来世界的主人翁，因为我亲眼见孩子到处在做现在的主人翁。 ——梁实秋

儿女是属于他们自己的。他们的现在，和他们的未来，都应由他们自己来设计。一个想用自己理想的模式塑造自己孩子的父亲是愚蠢的，而且，可恶！

——汪曾祺

后来才深有体会，只有家人坐在一起吃饭才是人间烟火，才有家庭气氛。

——汪曾祺

家人闲坐，灯火可亲。

——汪曾祺

子女可以接着父母的路走，但不必跟在父母后面走。

——金克木

没有什么东西可以与健康相比，但是家庭可以。

——王蒙

只要能回家，不幸便会过去。

——陈村

在父母的眼中，孩子常是自我的一部分，子女是他理想自我再来一次的机会。

——费孝通

想得家中夜深坐，还应说着远行人。

——白居易

读书，起家之本；勤俭，治家之本；和顺，齐家之本；循礼，保家之本。

——朱熹

妻贤夫祸少，子孝父心宽。

——《增广贤文》

婚姻

在真正幸福的婚姻中，友谊必须与爱情融合在
一起。 ——莫洛亚

幸福的婚姻不仅需要交流思想，也要感情交流，
把感情关在自己心里，也就把妻子推到自己的生
活之外了。 ——简·奥斯汀

没有失败的婚姻，只有失败的人，所有婚姻都反
映出人的本性。 ——福斯迪克

建立在理性上的婚姻才可能是幸福的婚姻。 ——列夫·托尔斯泰

已婚的人从对方获得的那种快乐，仅仅是婚姻的
开头，决不是其全部意义。婚姻的全部含义蕴藏
在家庭生活中。 ——列夫·托尔斯泰

女人应尽早结婚，男人应尽晚结婚。 ——萧伯纳

只有视而不见的妻子和充耳不闻的丈夫才能有美
满的婚姻。 ——蒙田

你所结婚的对象是你在最脆弱时觉得最适合于你
的人。 ——贝里克

婚姻固然带来甜时蜜月，却也少不了烦雾愁云。 ——莫扎特

只为金钱而结婚的人其恶无比，只为恋爱而结婚
的人其愚无比。 ——约翰生

婚姻永远不会十全十美，不管人类怎样想方设法
地改变它。婚姻是一种妥协，需要大量的忍让、
同情和相互间的理解。 ——约瑟夫·布雷多克

一个好妻子，心地光明，行动正直，就不该监
视；至于一个坏妻子，监视她也是白花了功夫，
守也守不住。 ——乔叟

美满的婚姻是人生最大的幸福，不幸的婚姻无异
于活着下地狱。 ——奥斯瓦尔德·施瓦茨

许多不幸的婚姻都只不过是情爱死亡后的漫长挣
扎罢了。 ——奥斯瓦尔德·施瓦茨

生活篇

贤妻和健康是一个男子最宝贵的财富。　　——斯珀吉翁

如果我们在结婚之后仍然能保持爱情的甜蜜，那　　——卢梭
么我们在地上也等于进了天堂。

恋爱不会因结婚而终止，爱的事业是永无止境的。　　——大仲马

婚姻的幸福并不完全建筑在显赫的身份和财产　　——巴尔扎克
上，却建筑在互相崇敬上。这种幸福的本质是谦
逊和朴实的。

选这样的女人做你的妻子：如果她是一个男的，　　——诺贝尔
你会选他做朋友。

男人因结婚而知女人之贤淑，女人因结婚而知男　　——长谷川
人之愚蠢。

结婚就其实质而言，既有避风港的一面，同时它　　——国分康孝
又是一个自我磨炼的沙场。

在结婚前要睁开眼，在结婚后要闭上眼。　　——宣永光

一结婚以后，结婚前的经过也就变成无足重轻的　　——张爱玲
了，不管当初是谁追求谁，反正一结婚之后就是
谁不讲理谁占上风。

精神恋爱的结果永远是结婚，而肉体之爱往往就停顿在某一阶段，很少结婚的希望。 ——张爱玲

也许爱不是热情，也不是怀念，不过是岁月，年深月久成了生活的一部分。 ——张爱玲

夫妇之间的事情，酸甜苦辣，混淆不清，也正是如人饮水，冷暖自知。这小小的天地里，也是一个满满的人生。 ——三毛

我们都有过去，我们一样怀念着过去的那一半。只是，人要活下去，要再寻幸福，这并不是否定了过去的爱情…… ——三毛

有时婚姻也会使一个女性迷失自己——不然，世界上杰出的女性原应多得多。 ——三毛

以为恋爱时期的感情的高潮也能在婚后维持下去，这是违反自然规律的妄想。 ——傅雷

恋爱或夫妇生活，如果没有精神上的一致，意志的契合，在精神力非常强的人，那是最大的悲剧。 ——冯雪峰

夫妇间的恩爱，两个人的灵魂的合一，也只有这默然相对忘言的当儿，才是人生中最难得的真味。 ——茅盾

生活篇

夫妻关系是人际关系中最密切最长久的一种。 ——冰心

婚姻是爱的结束，也是爱的尝试，也是爱的起头。 ——老舍

爱情是花，婚姻是果实。花总是美丽的，而果实却不一定都是美好的。 ——汪国真

婚也不过是另外一种生活方式，千头万绪，可不简单，少女中了童话故事的毒，总以为结婚是一个结局，等发觉是另一个开始，难免叫苦连天。 ——亦舒

吵架也是一种宣泄和沟通。可是当一对夫妻连吵架的热情也没有了，他们的婚姻必已濒临死亡。 ——陈祖芬

无爱的婚姻是痛苦的，婚后的无爱是十倍的痛苦。 ——耿庸

恋爱是一首可长可短的抒情诗，婚姻通常是一本凑不成言情小说的流水账。 ——吴淡如

结发为夫妻，恩爱两不疑。 ——苏武

鸳鸯交颈期千岁，琴瑟谐和愿百年。 ——李郢

婚嫁剩添儿女拜，平安频拆外家书。 ——辛弃疾

少年夫妻老来伴，一日不见问三遍。 ——史襄哉

朋友

兄弟可能不是朋友，但朋友常常如兄弟。 ——富兰克林

人生无友，恰似生命无太阳。 ——法朗士

友谊之光像磷火，当四周漆黑之际最为显露。 ——克伦威尔

生活是一辆永无终点的公共汽车，当你买票上车后，很难说你会遇见什么样的旅伴。 ——爱默生

真正的友谊好像健康，失去时才知道它的可贵。 ——哥尔顿

友谊是人生的调味品，也是人生的止痛药。 ——爱默生

爱情和友谊之间的区别在于：友谊意味着两个人和世界，然而爱情意味着两个人就是世界。在友谊中一加一等于二，在爱情中一加一还是一。 ——泰戈尔

对于聪明人来说，劝告是多余的；对于愚昧人来说，劝告是不够的。　　——莫里哀

能对你开怀直言的人，便是你的挚友。　　——博斯威尔

很多显得像朋友的人其实不是朋友，而很多是朋友的并不显得像朋友。　　——德谟克利特

没有人不想和你同坐一辆豪华轿车，但你需要的，却是轿车坏了还会和你一起搭巴士的人。　　——奥普拉·温弗瑞

顺境时容易发现朋友，逆境时就极其困难了。　　——艾匹克蒂塔

于顺境中交朋友，只需费一举手之劳；在困厄时寻找友谊，简直比登天还难。　　——爱比克泰德

当志趣相同的人聚在一起时，交情也就开始了。　　——爱默生

找到朋友的唯一办法是自己成为别人的朋友。　　——爱默生

人们结成友谊的原因很多，有出于自然的，也有出于契约的，有出于自身利益的，也有出于共同志趣的。　　——泰勒

朋友是另一个自己。　　——西塞罗

朋友有三种：爱你的朋友、忘你的朋友、恨你的朋友。　　——桑弗

友谊是一种生长缓慢的植物，它只有嫁接在彼此熟识、互相敬爱的枝干上才会枝繁叶茂。　——切斯特菲尔德

真诚的友谊是一株成长缓慢的植物，必须经历、承受灾难的震击，然后才能名正言顺地得到这个称呼。　——华盛顿

在患难中结下的友谊是世界上最宝贵的东西。　——普劳图斯

智慧、友爱，这是照亮我们的黑夜的唯一光亮。　——罗曼·罗兰

假朋友就像自己的影子，你在光明中行走，他紧跟着你，一旦步入阴暗，他便立即离去。　——博维

一个挚友胜过一群点头之交。　——阿纳卡西斯

友情是瞬间开放的花朵，而时间是使之结果的果实。　——柯杰夫

如果一个人不在生活的进程中结识新朋友，他很快便会发现自己孤独。　——约翰逊

真正的友谊产生于共同的爱憎之中。　——萨卢斯特

朋友间最凶猛的瘟疫便是谄媚。　——塞涅卡

如果说，友谊能够调剂人的感情的话，那么友谊的又一种作用则是能增进人的智慧。　——培根

生活篇

最牢固的友谊是在共患难中结成的，正如生铁只有在烈火中才能锤炼成钢一样。 ——科尔顿

真正的友谊既能容忍朋友提出的劝告，又能使自己接受劝告。 ——西塞罗

这个世界锦上添花的人总比雪中送炭的多。 ——罗曼·罗兰

世界上没有比一个既真诚又聪明的朋友更可宝贵的了。 ——希罗多德

坏伙伴如同一条狗，它会把它最喜欢的人弄污秽。 ——斯威夫特

想与所有人交朋友的人，不是任何人的朋友。 ——普菲费尔

名望是头戴灿烂金冠，却没有香味的葵花；友谊则是富于气息，片片花瓣都飘溢着醉人芬芳的玫瑰。 ——霍姆斯

友谊是一棵可以庇荫的树。 ——柯尔律治

不要相信对任何人什么都相信的人。 ——莱辛

只有在平等地位的人们之间才可以有友谊和爱情的忠贞。 ——黑格尔

宁愿要一个公开的仇敌，而不要一个虚伪的盟友。 ——显克微支

对所有的人以诚相待，同多数人和睦相处，和少
数人常来常往，只跟一个人亲密无间。

——富兰克林

衡量朋友的真正标准是行为而不是言语。

——华盛顿

一个人倒霉至少有这么一点好处，可以认清谁是
真正的朋友。

——巴尔扎克

没有真正的朋友实在是凄凉孤独。如果没有朋
友，这世界只是荒野一片。

——培根

在智慧提供给整个人生的一切幸福之中，以获得
友谊为最重。

——伊壁鸠鲁

真正的友谊，无论从正反看都应一样，不可能从
前面看是蔷薇，而从后面看是刺。

——吕克特

只有宽广而聪慧的心灵始终能发现友爱之情。

——海涅

不要对每一个泛泛的新知滥施你的交情。

——莎士比亚

理解绝对是养育一切友情之果的土壤。

——威尔逊

纷争起于双方，但和解起于自己。

——乔叟

友谊是两颗心真诚相待，而不是一颗心对另一颗
心的敲打。

——鲁迅

只有神仙与野兽才受得住孤独。　　　　　　——梁实秋

多年不见的老朋友，一旦相见，因为是极熟而又
极生疏的人，说话好像深了不是，浅了又不是，
彼此都还在暗中摸索，是一种异样的心情，然而
也不减于它的愉快。　　　　　　　　　　——张爱玲

我成功，她不妒忌，我萎靡，她不轻视，人生得
一知己足矣。　　　　　　　　　　　　　——亦舒

投我以木桃，报之以琼瑶。匪报也，永以为好也！　——《诗经》

山河不足重，重在遇知己。　　　　　　　——鲍溶

我醉欲眠卿且去，明朝有意抱琴来。　　　——李白

花径不曾缘客扫，蓬门今始为君开。　　　——杜甫

世人结交须黄金，黄金不多交不深。　　　——张谓

君子与君子以同道为朋，小人与小人以同利为朋。　——欧阳修

与凤凰同飞，必是俊鸟；与虎狼同行，必是猛
兽；与智者同行，会不同凡响；与高人为伍，能
登上巅峰。想要成为什么样的人，那就去接近什
么样的人。　　　　　　　　　　　　——摘自网络

生活

人生如集市，众人在此相聚，却不久留；人生如 ——艾·霍·布朗
客栈，路人在此歇脚，而后又走。

即使断了一根弦，其余的三根弦还是要继续演 ——爱默生
奏，这就是人生。

从青年人的角度看，生活是一个无穷无尽的遥远 ——叔本华
未来；从老年人的角度看，生活却宛如一个非常
短暂的往昔。

我们不得不饮食、睡眠、游玩、恋爱，也就是 ——居里夫人
说，我们不得不接触生活中最甜蜜的事情，不过
我们必须不屈服于这些事物。

甜酸苦辣全得尝一尝，无论是谁，要打算在世界 ——马克·吐温
上有点成就，总得打这儿过。

不用滞留采花保存，只管往前走去，一路上百花自会盛开。 ——泰戈尔

我们在喂养我们的身体时，也必须喂养我们的精神，身体和精神，应当同时端坐在同一张餐桌上。 ——梭罗

生活总是让我们遍体鳞伤，但到后来，那些受伤的地方一定会变成我们最强壮的地方。 ——海明威

生活是不公平的，不管你的境遇如何，你只能全力以赴。 ——霍金

世上有多少人，就有多少条生活道路。 ——索尔仁尼琴

你不得不随遇而安，但是，你应该努力按照你向往的方式去生活。 ——坎贝尔

当一个人尝尽了生活的苦头，懂得了什么叫作生活的时候，他的神经就坚强起来了。 ——巴尔扎克

生活是一粒苦药丸，外面不包糖衣，就没有人能将它吞下。 ——皮奥齐夫人

不经历感情的青春、战斗的成年和思考的晚年，生活就不会十全十美。 ——布伦特

生活就像洋葱头：你只能每次剥一层，有时你还得　——桑德堡
流泪。

对绝大多数人来说，真正的生活是长期的将就，　——罗素
是理想与可能两者之间不断的妥协。

生活不是一条人造的运河，不能把它禁锢在几条　——泰戈尔
规定好的河道之中。

生活中美好的情景都是短暂的，而艰辛则是永远伴　——德莱塞
随着的。

生活得最有意义的人，并不就是年岁活得最大的　——卢梭
人，而是对生活最有感受的人。

生活有千百种形式，每个人只能经历一种。艳羡　——纪德
别人的幸福，那是想入非非，即使得到也不会享
那个福。

生活是一出悲剧。在这悲剧中，我们先是冷眼旁　——斯威夫特
观片刻，然后就扮演起自己的角色。

一个人正在过的生活并不一定是他真正应该过的　——王尔德
生活。

生活本身既不是祸，也不是福，它是祸福的容　——蒙田
器，就看你自己把它变成什么。

生活篇

没有了目的，生活便郁闷无光。 ——艾略特

生活就是为未来做准备，而最好的准备就是生活得无忧无虑。 ——哈伯德

无论你是男是女，生活都是一种艰难的永无止境的挣扎。它需要极大的勇气和力量。 ——弗吉尼亚

生活的奥秘不在于去做你想做的一切，而在于要去喜欢你不得不做的一切。 ——克雷克

生活从不简单容易，即使你活在愉悦顺遂的境遇中，也会遇到你要克服的困难。 ——柏拉图

生活的方式丰富多样，一如从一个圆心可以引出无数半径。 ——梭罗

人按照本来面目生活是最快乐的，歪曲和遮掩就势必勉强。 ——池田大作

太如意的生活便是平凡的生活，太容易获得的东西便不是贵重的东西。 ——茅盾

人之所以值得活下去，只是因为有一个灿烂的将来，一种伟大而永久的自由。 ——鲁迅

理想的人生，必须有爱，必须有自由，必须有美。 ——胡适

人生如梦，把梦看得太认真，固然是个大傻瓜；
但以为人生如梦，就以为不必认真，也是个头等
大傻瓜。

——曹聚仁

我跟所有其余的人一样，生活在这世界上，是为
着来征服生活。

——巴金

生命的过程，无论是阳春白雪，青菜豆腐，我都
得尝尝是什么滋味，才不枉来走这么一遭啊！

——三毛

我要的是在我深爱的乱七八糟的城市里发发疯，
享受一下人世间的艳俗和繁荣罢了。

——三毛

许多东西，乍一吃，吃不惯，吃吃，就吃出味儿
来了。

——汪曾祺

到了一个新地方，有人爱逛百货公司，有人爱逛
书店，我宁可去逛逛菜市。看看生鸡活鸭、鲜鱼
水菜、碧绿的黄瓜、通红的辣椒，热热闹闹，挨
挨挤挤，让人感到一种生之乐趣。

——汪曾祺

天下不如意，恒十居七八。

——羊祜

相逢头白莫惆怅，世上无人长少年。

——周贺

人生到处知何似，应似飞鸿踏雪泥。

——苏轼

世事云千变，浮生梦一场。 ——王庭筠

一个人的世界可以很丰饶，也可以很贫乏，你的存在层次决定着你的生活。 ——摘自网络

别赌博，你永远都赢不过庄家，喜欢赌博的人，轻则一身负债，重则妻离子散，家破人亡。
别熬夜，熬夜很损伤身体，如果不是工作需要，请按人类的生物钟正常起居。
别嗜酒，酒精上瘾的人影响生活跟工作。
别抽烟，抽烟对身体危害极大，而且家人会吸你的二手烟，严重损害家人和自己的健康。 ——摘自网络

穷人不恋酒，富人不沾赌。
穷的时候不要恋酒，经常喝酒的人，他的人生根本没有什么目标。
富的时候不要沾赌，赌博害人害己，浪费时间，一旦收不住手，那么你将一无所有。 ——摘自网络

两周剪一次头发；不靠近免费的东西；永远提前15分钟；手机响5秒钟再接；想发火，先忍耐10分钟。
不谈论不在场的人；不使用绝对、普遍这样的词；不把没有钱、没有时间放在嘴上。
走路时端正姿势，挥动双手，挺胸抬头。 ——摘自网络

健康

良好的健康状况和由之而来的愉快情绪，是幸福 ——斯宾塞
的最好资金。

对于一切沉溺于口腹之乐，并在吃喝、情爱方面 ——德谟克利特
过度的人，快乐的时间是短的。

饮食节制常常使人头脑清醒，思维敏捷。 ——富兰克林

养成简单朴素的生活习惯，是增进健康的一大因 ——伊壁鸠鲁
素，它使人对于生活必需品不加挑剔。

午夜前睡一小时，抵得上午夜后睡三小时。 ——赫伯特

谁要想寿命和钱财两旺，请你从今天开始即早睡 ——拜伦
早起。

发一次怒对于身体的损害，比发一次热还厉害，所以一个常常心怀不平的人不能得到健康的身体。
——大仲马

人在身强力壮的青年时代所养成的不良嗜欲，将来到了晚年是要一并结算总账的。
——培根

能做到快乐、节制和静养，就可把医生拒之门外。
——朗费罗

谁不会休息，谁就不会工作。
——列宁

一种美好的心情，比十服良药更能解除生理上的疲惫和痛楚。
——马克思

睡眠是医治醒时所遇烦恼的最佳药方。
——塞万提斯

世上最高级的三个医生：节食博士、安宁博士、快乐博士。
——斯威夫特

平平静静地吃粗茶淡饭，胜于提心吊胆地吃大酒大肉。
——伊索

世上没有比结实的肌肉和新鲜的皮肤更美丽的衣裳。
——马雅可夫斯基

人们并非像想象的那样脆弱，把生活节奏安排适度紧张些，人只会从紧张状态中有所收益，有利于健康长寿。
——拜伦

疾病有千百种，而健康只有一种。　　　　　　　——贝克尔

健康的身体是灵魂的客厅，病弱的身体是灵魂的
监狱。　　　　　　　　　　　　　　　　　　——培根

欢乐就是健康，忧郁就是病魔。　　　　　　——哈利伯顿

健康人不知道健康的珍贵，只有病人才知道——
这是医生的格言。　　　　　　　　　　　　　——卡莱尔

最穷苦的人也不会为了金钱而放弃健康，但是最
富有的人为了健康心甘情愿放弃所有的金钱。　——柯尔顿

不能很好地处理情感的人，经常会代之以身体上
的疾病。　　　　　　　　　　　　　　　　　——斯摩勒

躺着不如坐着，坐着不如站着，站着不如走着。　——卢梭

身体虚弱，它将永远不会培养有活力的灵魂和
智慧。　　　　　　　　　　　　　　　　　　　——卢梭

如果你能使一个人懂得健康，那他的钱财可以任
你拿取。　　　　　　　　　　　　　　　　——罗·伯顿

以过分严格地控制饮食为代价来保持健康，实在
是一种令人厌烦的毛病。　　　　　　　　——拉罗什富科

生活篇

人类所能犯的最大错误，就是拿健康来换取其他身外之物！ ——叔本华

世界上最出色的医生是兽医，他无法向他的患者询问病痛——他必须得找出病情。 ——罗杰斯

身体要过着一种有规则的、有节制的生活，方能保持健康。 ——夸美纽斯

幸福十分之九是建立在健康基础上的，健康就是一切。 ——叔本华

健康的乞丐比有病的国王幸福。 ——叔本华

不论有多么出众的才能和力量，不论有多么高明的见识，一旦卧床不起，人生就将化为乌有。 ——池田大作

有健全之身体，始有健全之精神。 ——蔡元培

忽略健康的人，就是等于在与自己的生命开玩笑。 ——陶行知

一个民族，老当益壮的人多，那个民族一定强；一个民族，未老先衰的人多，那个民族一定弱。 ——郭沫若

忙里偶然偷闲，闹中偶然觅静，于身于心，都有极大裨益。 ——朱光潜

人的精神面貌很重要，什么时候精神也不能垮，这是健康长寿的又一个重要条件。

——林启武

多思则神殆，多念则智散，多欲则志昏，多事则劳形。

——孙思邈

莫忧思，莫大怒，莫悲愁，莫大惧，莫跳踉，莫多言，莫大笑。勿汲汲于所欲，勿悁悁怀忿恨，皆损寿命。若不能犯者，则得长生也。

——孙思邈

恶酒如恶人，相攻剧刀箭。

——苏轼

心要常操，身要常劳。心愈操愈精明，身愈劳愈强健，但自不可过耳。

——吕坤

善养鱼者活其水，善养人者治其气。

——庄元臣

虽贵富不以养伤身，虽贫贱不以利累形。

——庄子

不见闲人精力长，但见劳人筋骨实。

——徐荣

处境

一切幸福都并非没有烦恼，而一切逆境也绝非没有希望。 ——培根

多灾多难，百炼成钢。 ——莎士比亚

唯有埋头，才能出头。急于出人头地，除了自寻苦恼之外，不会真正得到什么。 ——莎士比亚

伟人在逆境中得到欢乐，如同英勇的士兵从战斗胜利中获得喜悦一样。 ——塞涅卡

因为你不愿自己永远被埋没，你才必须忍受暂时的被埋没，不要因为看不见收获而觉得不耐烦。 ——罗曼·罗兰

一个人在哪儿都能找到自己的天地，只要他肯付出代价。 ——詹姆斯

在顺境中趾高气扬的人，在逆境中准会垂头丧气。　　——博恩

人生如河流，我从不怕逆水行舟。　　——拿破仑

我的不幸的处境教会了我，不要把走运的时候世人向你表示的关切太看重了。　　——斯摩莱特

伟人之所以伟大，关键在于：当他与别人共处逆境时，别人失去理智，他则下决心实现自己的目标。　　——戴埃

从一个人处理逆境的方法，往往可以看出他的胜算有多少。　　——魏特利

顺境招来朋友，逆境考验朋友。　　——绪儒斯

没有绝望的处境，只有对处境绝望的人。　　——哈尔西

泰然自若是应付逆境的最好方法。　　——普劳图斯

平静的湖面，练不出精悍的水手；安逸的环境，造不出时代的伟人。　　——列别捷夫

顺境也好，逆境也好，人生就是一场对种种困难的无尽无休的斗争，一场以寡敌众的斗争。　　——泰戈尔

顺境时助人者，逆境时必受人助。　　——西拉斯

生活篇

人生有两个悲剧：一个是万念俱灰，另一个是踌躇满志。 ——萧伯纳

顺境造就幸运儿，而逆境造就伟人。 ——小普林尼

在危险之中常有这种情况：被怀疑的朋友成为救星，最信任的人成为卖友的人。 ——伊索

当困难来访时，有些人跟着一飞冲天，也有些人因之倒地不起。 ——列夫·托尔斯泰

不因幸运而故步自封，不因厄运而一蹶不振。 ——易卜生

人在逆境里比在顺境里更能坚强不屈，遭厄运时比交好运时更容易保全身心。 ——雨果

逆境，是倾覆弱者生活之舟的波涛，它又是锤炼强者钢铁意志的熔炉。 ——戴维

顺境或逆境都是命运的安排。只有坦然去面对，才是最好的方式。 ——松下幸之助

我觉得坦途在前，人又何必因为一点小障碍而不走路呢？ ——鲁迅

受苦是考验，是磨炼，是咬紧牙关挖掉自己心灵上的污点。 ——巴金

艰难的环境一般会使人沉没下去的，但是，有坚
强的意志，积极进取的人，却可以发挥相反的
作用。 ——郭沫若

正路并不一定就是一条平平坦坦的直路，难免有
些曲折和崎岖险阻，要绕一些弯，甚至难免会误
入歧途。 ——朱光潜

人的容颜往往和磨难成反比，人的魅力往往和磨
难成正比。 ——汪国真

一个一帆风顺的人，可能博学，却很难深刻。 ——汪国真

接受逆境便是突破逆境的开始。 ——刘心武

磨难使人坚韧，一无所有使人一无所惧。 ——陈祖芬

陷之死地而后生，置之亡地而后存。 ——《资治通鉴》

在山泉水清，出山泉水浊。 ——杜甫

成大功者，小小顺意不足喜，小小拂意不足惧。 ——汤斌

万里飞腾仍有路，莫愁四海正风尘。 ——夏完淳

天下断无易处境遇，人间哪有空闲的光阴。 ——曾国藩

生活篇

知足

对于不知足的人，没有一把椅子是舒服的。 ——富兰克林

满足一切愿望是爱情的最危险的试探。 ——卡拉姆辛

谁不知足，谁就不会幸福，即便他是世界的主宰 ——伊壁鸠鲁
也不例外。

我们一直寻找的，却是自己原本早已拥有的；我 ——柏拉图
们总是东张西望，唯独漏了自己想要的，这就是
我们至今难以如愿以偿的原因。

谁也不满足于自己的财产，谁都满足于自己的 ——列夫·托尔斯泰
聪明。

知足是人生在世最大的幸福。 ——爱迪生

贪心好比一个套结，把人的心越套越紧，结果把理智闭塞了。

——巴尔扎克

我意识到富贵和豪华都不会使人满足。对于有钱的人来说，在生活中要做出有意义的事情，的确更为困难。

——邓肯

任何时候我也不会满足。越是多读书，就越是深刻地感到不满足，越是感到自己知识的贫乏。

——马克思

也许人就是这样，有了东西不知道欣赏，没有的东西又一味追求。

——海伦·凯勒

知足是天然的财富，奢侈是人为的贫穷。

——苏格拉底

对自己的不满足，是任何真正有天才的人的根本的特征之一。

——契诃夫

人都为满足自己的欲念而努力。

——乔叟

你若寻求财富，不如寻求满足，满足才是最好的财富。

——萨迪

财富是奢侈、懒惰之源，贫穷是无耻与罪恶之母。二者皆不知足。

——柏拉图

世间物质能够满足人的需求，却不能满足人的贪婪。

——甘地

贫穷而知足，可以赛过富有；有钱的人要是时时 ——莎士比亚
刻刻都在担心他会有一天变成穷人，那么即使他
有无限的资财，实际上也像冬天一样贫困。

轻浮和虚荣是一个不知足的贪食者，它在吞噬一 ——莎士比亚
切之后，结果必然牺牲在自己的贪欲之下。

敛财不会有满足的时候。 ——爱默生

巨大的财富与知足的心理很难和谐相处。 ——托·富勒

一天一天的满足着，即一天一天的堕落着。 ——鲁迅

我永远自己不满足，我永远"追求"着。 ——茅盾

科学家明知道真理无穷，知识无穷，但他们仍然 ——胡适
有他们的满足：进一寸有一寸的愉快，进一尺有
一尺的满足。

满足的秘诀，在于知道如何享受自己所有的，并 ——林语堂
能除去自己能力之外的物欲。

如愿便是满足，满足即是幸福。 ——梁实秋

人活得愈简单愈轻松，欲望愈低愈富足。 ——三毛

人活一世，就像作一首诗，你的成功与失败都是 ——季羡林
那片片诗情，点点诗意。

一定要爱着点什么，恰似草木对光阴的钟情。　　——汪曾祺

上一个欲望的满足，不过是下一个欲望的起点。　　——王鼎钧

祸莫大于不知足，咎莫大于欲得。故知足之足，常足矣。　　——《道德经》

鸟兽不厌高，鱼鳖不厌深。　　——《庄子》

天下之福，莫大于无欲；天下之祸，莫大于不知足。　　——傅玄

物苦不知足，得陇又望蜀。　　——李白

知足者，贫贱亦乐；不知足者，富贵亦忧。　　——林逋

为人但知足，何处不安生？　　——耶律楚材

贪得者身富而心贫，知足者身贫而心富；居高者形逸而神劳，处下者形劳而神逸。　　——《菜根谭》

知足常乐，能忍自安。　　——《格言联璧》

知足天地宽，贪得宇宙隘。　　——曾国藩

心态篇

从此鲜花赠自己
纵马踏花向自由

幸福

获得幸福有两条途径：一为减少欲望，一为增加 ——富兰克林
财富。

与其说人类的幸福来自偶尔发生的鸿运，不如说 ——富兰克林
来自每天都有的小实惠。

幸福生长在我们自己的火炉边，而不能从别人的 ——杰罗尔德
花园中采得。

幸福是一个债主，借你一刻钟的欢悦，叫你付上 ——福楼拜
一船的不幸。

没有任何东西像幸福那样容易变老的。 ——王尔德

幸福是一种最珍稀的葡萄美酒，而对情趣粗俗的 ——J. P. 史密斯
人来说，似乎平淡而无味。

人在世上越离开尘俗，越接近自己，就越幸福。　　——卢梭

勤劳一日，可得一夜安眠；勤劳一生，可得幸福　　——达·芬奇
长眠。

我从来不把安逸和快乐看作是生活目的的本　　——爱因斯坦
身——这种伦理基础，我叫它猪栏的理想。

为了要活得幸福，我们应当相信幸福的可能。　　——列夫·托尔斯泰

纯粹的痛苦和纯粹的快乐一样都是不可能的。　　——列夫·托尔斯泰

全部依靠自己，自身拥有一切的人，不可能不　　——西塞罗
幸福。

幸福不可能十全十美。　　——贺拉斯

幸福有它的两重性：一方面在于福至心灵，时来　　——冯塔纳
运至……另一方面，也是最实际的方面，就是知
足常乐地安度日常生活，这也就是说，头脑清
醒，不干蠢事。

所谓幸福的人，是只记得自己一生中满足之处的　　——萩原朔太郎
人；而所谓不幸的人只记得与此相反的内容。

幸福在于自主自足之中。　　——亚里士多德

心态篇

我们在分给他人幸福的同时，也能正比例地增加自己的幸福。

——边沁

爱，首先意味着奉献，意味着把自己心灵的力量献给所爱的人，为所爱的人创造幸福。

——苏霍姆林斯基

有取有舍的人多么幸福，寡情的守财奴才是不幸。

——鲁达基

你若要为你的意义而欢喜，就必须给这个世界以意义。

——歌德

点燃蜡烛照亮他人者，也不会给自己带来黑暗。

——杰弗逊

幸福是太多和太少之间的一站。

——波洛克

幸福是想象中的东西。从前，生者认为死者幸福，孩子则认为大人幸福。

——托马斯·曼

人类之所以感到幸福，并不是身体健康，也不是财产富足；幸福的感受是由于心多诚直，智慧丰硕。

——德谟克利特

最幸福的人只是受苦最少而已，最痛苦的人只是享乐最少而已。

——卢梭

幸福往往并不在于欢乐本身，而是在于对欢乐的渴望和期待。

——希尔德烈斯

你每发怒一分钟，便失去了六十秒钟的幸福。 ——爱默生

谁需要得越小，他的幸福就越大；谁希望得越 ——高尔基
少，他的自由就越多。

那些为大多数人带来幸福的人是最幸福的人。 ——马克思

"健康的身体"与"健全的思想"是生活中的两 ——贺拉斯
大至福。

幸福经常和勤勉的人为友。正如风和波浪，跟杰 ——史密斯
出的驾驶者为友一样。

幸福这东西就像星星一样，黑暗是遮不住它们 ——泰戈尔
的，总会有空隙的。

对于大多数人来说，他们下决心有多幸福，就有 ——林肯
多幸福。

幸福是一个不断渴望的过程，从一个目标到另一 ——托马斯·霍布斯
个目标；达到前者就开辟了通向后者的道路。

能使你所爱的人快乐，是世界上最大的幸福。 ——罗曼·罗兰

等到自私的幸福变成了人生唯一的目标之后，不 ——罗曼·罗兰
久人生就变得没有目标。

心态篇

幸福是灵魂的一种香味，是一颗歌唱的心的和声。　——罗曼·罗兰

忍受痛苦只需一个人，享受快乐需有两个人。　——哈伯德

幸福：从观察别人的不幸而产生的舒适心情。　——比尔斯

人在幸福之中不可忘记躲在身后的灾害或痛苦。　——乔叟

为别人带来欢乐的人就像为别人解除痛苦的人一样仁慈。　——摩尔

越是别人都羡慕我的幸福，我就越觉得这幸福更有滋味。　——巴尔扎克

幸福是不可捉摸的，你从来不知道它是不是存在。要考查你是不是幸福，只有去看看你周围的人。　——巴甫连柯

真正的幸福绝不定居于一处，探寻无处，却到处存在；金钱无法购买，却随时可得。　——卡尔·波普尔

有时候，人们在失去幸福之后，头脑反会清醒，因为梦幻往往使人神志恍惚和不明事理。　——法拉奇

幸福的最大障碍，就是期待过多的幸福。　——丰特奈尔

谁也不满足于一点点幸福，可是幸福多了，就没有价值了。　——高尔基

生活中唯一的幸福就是：爱和被爱。　　　　——乔治·桑

幸福绝不是别人赐予的，而是一点一滴在自己生　——池田大作
命之中筑造起来的。

幸福永远存在于人类不安的追求中，而不存在于　——鲁迅
和谐与稳定之中。

布施如播种，以欢喜心滋润种子，才会发芽。　——证严法师

一个心中没有秘密的人，不会幸福；一个心中有　——汪国真
太多秘密的人，一定痛苦。

独立自足的生活，即是合理的幸福。　　　　——冯友兰

幸福喜欢捉迷藏。我们年轻时，它躲藏在未来，　——周国平
引诱我们前去寻它。曾几何时，我们发现自己已
经把它错过，于是回过头来，又在忆中寻找它。

爱出者爱反，福往者福来。　　　　　　　　——贾谊

身心安处为吾土，岂限长安与洛阳。　　　　——白居易

我生本无乡，心安是归处。　　　　　　　　——白居易

心安身自安，身安室自宽。心与身俱安，何事能　——邵雍
相干。

心态篇

得失

人生，对痛苦的人来说，是漫长的岁月；对幸福
的人是短暂的片刻。 ——培根

当一扇幸福之门关上时，另一扇幸福之门会打
开；但我们往往在那扇关闭的门前茫然呆立过
久，以致看不见另一扇已向我们打开的门。 ——海伦·凯勒

得不到你所一心想要的东西，与什么也得不到几
乎一样令人遗憾。 ——亚里士多德

有些人因为贪婪，想得到更多的东西，却把现在
所有的也失掉了。 ——伊索

毫不炫耀地接受财富和繁荣，同时随时准备
放弃。 ——马可·奥勒留

当你为错过太阳而哭泣的时候，你也要再错过群星了。　　——泰戈尔

每一种挫折或不利的突变，是带着同样或较大的有利的种子。　　——爱默生

希望不正当的得利，那就是损失的开端。　　——爱默生

承认贫困并不是可耻的。相反，不为改变贫困而努力才是确实可耻的。　　——修昔底德

我更需要的是给予，不是收受。　　——泰戈尔

历史上所有伟大的成就，都是由于战胜了看来是不可能的事情而取得的。　　——卓别林

付出多少，得到多少，这是一个众所周知的因果法则。回报也许无法立刻得到，却可能会在不经意间，以出人意料的方式出现。　　——哈伯德

在生活的路上，将血一滴一滴地滴过去，以饲别人。虽自觉渐渐瘦弱，也以为快活。　　——鲁迅

旬月里来去，日子都是可以歌唱的旧事。　　——林徽因

人生没有绝对的幸福，也没有绝对的痛苦，幸福与痛苦永远是连接在一起的。　　——冰心

心态篇

一个农民春种夏耘，到头一场灾害颗粒无收，他也不会为此而将劳动永远束之高阁，他第二年仍然会心平气静去春种夏耘而不管秋天的收成如何。

——路遥

以蝼蛄来视人的一生，则蝼蛄微微，以人的人生来视宇宙，则人生尤属渺渺，更何况乎在人生之中仅仅一小小的得失呢？

——郁达夫

虽有苦乐，多由小小得失而来，也可望从小小得失得到补偿与调整。

——沈从文

失去总比从来没有过的好一些，因为前者还有甜蜜的回味与渺茫的期待。

——苏青

人生是伟大的，因为有白发，有诀别，有无可奈何的失落。

——余秋雨

时代像筛子，筛得每一个人流离失所，筛得少数人出类拔萃。

——王鼎钧

倘有荷在心，则长长的雨季何患？

——张晓风

人生在世，必须习惯于失去。

——周国平

走出去就会有风险。不敢冒风险，就一点成功的机会都没有。不敢面对风险，其实就是最大的风险。

——张瑞敏

这个世界是自己走路的，没有人能帮你选择，无论多么懂得你、心疼你的人，都无法替代你去生活去感受。

——陈染

生活也是一条河，一条流着欢乐也流着痛苦的河，一条充满着凶险而又兴味无穷的河。

——古华

其未得之也，患得之；既得之，患失之。

——《论语》

失之东隅，收之桑榆。

——《后汉书》

人皆知就利而避害，莫知缘害而见利，皆识爱得而憎失，莫识由失以至得。

——刘昼

得即高歌失即休，多愁多恨亦悠悠。

——罗隐

天下之事，急之则丧，缓之则得，而过缓则无及。

——苏辙

先下手为强，后下手为殃。

——纪君祥

得何足喜，失何足忧！

——《三国演义》

早荣亦早枯，易得还易失。

——张廷玉

以我转物者，得固不喜，失亦不忧，大地尽属逍遥。

——《菜根谭》

心态篇

态度

不要像一个摇桨的奴隶那样忙个不停。 ——马可·奥勒留

一个人越近于宁静，越近于强有力。悲哀是一种脆弱，愤怒也是。二者皆能使人受伤，皆能使人崩溃。 ——马可·奥勒留

洞察一切事物之本性，便该恰如其分地应付之。 ——马可·奥勒留

生死、荣辱、苦乐、贫富——所有这些有好有坏，但它们本身不分是非对错：因此它们本身亦无善恶之分。 ——马可·奥勒留

如果你能持之以恒，无所期待，无所避忌，满足于按照本性来行事，言语和意愿不失无畏的真诚——那你就能过上美满的生活。无人能够阻止。 ——马可·奥勒留

这个世界上有两种人，一种是快乐的猪，一种是痛苦的人。做痛苦的人，不做快乐的猪。 ——苏格拉底

没有哪一个聪明人会否定痛苦与忧愁的锻炼价值。 ——赫胥黎

跟生活的粗暴无情打交道，碰钉子、受侮辱，自己也不得不狠下心来斗争，这是好事，使人生气勃勃的好事。 ——罗曼·罗兰

困难只是穿上工作服的机遇。 ——凯泽

只有来自底层的人，才能把信息传到精神的顶峰，只有经过炼狱才能打通走向天堂的道路。这条道路，每个人必须自己寻找，但是谁能在这条道路上勇往直前，谁就是领袖，并能领导别人进入自己的世界。 ——茨威格

应该笑着面对生活，不管一切如何。 ——伏契克

我并不期待人生可以过得很顺利，但我希望碰到人生难关的时候，自己可以是它的对手。 ——阿尔贝·加缪

心若改变，你的态度跟着改变；态度改变，你的习惯跟着改变；习惯改变，你的性格跟着改变；性格改变，你的人生跟着改变。 ——马斯洛

心态篇

用自以为是的眼光看待别人的幸福是错误的。　　——罗素

爱你自己现在的生活。即使在穷人家里，你也可能拥有一些愉快的、令人悸动的、光耀的时刻。映照在贫民院窗户上的落日，与映照在富人屋宇上的，是一样的灿烂。　　——梭罗

生活是一面镜子，你对它笑，它就对你笑；你对它哭，它也对你哭。　　——萨克雷

对世界上不幸的事情最好是一笑了之，不必用眼泪去冲洗。　　——泰戈尔

改变态度，便能改变生活。没有任何外界的力量能够统治你。　　——爱默生

一个人老是愁来愁去，不久就要愁坏心肝，躺倒下来死掉。　　——斯坦培克

谁脸上不充满自信和乐观的阳光，谁就永远不会变成一颗星。　　——布莱克

人生的一切都是用痛苦赚得的。在大自然之中，任何幸福都是建立在废墟之上的。最后，一切都归于废墟。但愿你能加以建筑。　　——罗曼·罗兰

悟道，是要在任何情况下都能心胸宽广地活着。　　——正冈子规

现代生活只是一味地朝前迈进，不知停歇，带来
的后果就是超过一个人所能承受的极限。

——山本耀司

人有什么思想，就有什么人生。

——山本耀司

人的一生，总是难免有浮沉。不会永远如旭日东
升，也不会永远痛苦潦倒。反复地一浮一沉，对
于一个人来说，正是磨炼。因此，浮在上面的，
不必骄傲；沉在底下的，更用不着悲观。必须以
率直、谦虚的态度，乐观进取、向前迈进。

——松下幸之助

我们一步步走下去，踏踏实实地去走，永不抗拒
生命给我们的重负，才是一个勇者。

——三毛

个人的遭遇，命运的多舛都使我被迫成熟，这一
切的代价都当是日后活下去的力量。

——三毛

生活就是这样严峻，如果你不去战胜困难，困难
就会吞没你。

——徐悲鸿

苦难是滋养人的，把诅咒吞下去，让它化成力。

——臧克家

人事的艰难与琢磨，就是一种考验。

——证严法师

人不可以太倔强，活在世界上，一方面需要认
真，有时候只能无所谓。

——汪曾祺

人生在世，总会遭受不同程度的苦难，世上并无绝对的幸运儿。 ——周国平

人生总是有灾难。其实大多数人早已练就了对灾难的从容，我们只是还没有学会灾难间隙的快活。我们太多注重了自己警觉苦难，我们太忽视提醒幸福。 ——毕淑敏

人生没有被浪费的时间，除了阅读就是思考，而这以外，就是身体力行地活着。 ——余秀华

长风破浪会有时，直挂云帆济沧海。 ——李白

人生得意须尽欢，莫使金樽空对月。 ——李白

莫思身外无穷事，且尽生前有限杯。 ——杜甫

世界微尘里，吾宁爱与憎。 ——李商隐

纸上得来终觉浅，绝知此事要躬行。 ——陆游

长恨此身非我有，何时忘却营营。 ——苏轼

片时欢笑且相亲，明日阴晴未定。 ——朱敦儒

人生不向花前醉，花笑人生也是呆。 ——唐寅

当下

人的一生是短暂的，若虚度年华，则短暂的人生又太长了。　——莎士比亚

人所失去的，只是他此刻拥有的生活；人所拥有的，也只是他此刻正在失去的生活。　——马可·奥勒留

还要提醒自己，我们每个人都只是活在此时此刻这个短暂的瞬间：其余皆是过往或无法预料的未来。　——马可·奥勒留

你若是爱千古，你应该爱现在；昨日不能唤回来，明日还是不实在；你能确有把握的，只有今日的现在。　——爱默生

当下时刻是你所拥有的一切，把你的生活重心完全放到当下这一刻。　——埃克哈特·托利

你越关注时间——过去和未来，你就会越多地错过当下。当下才是最为珍贵的东西。

——埃克哈特·托利

美丽的花儿不会为明天而担忧，它们安逸地生活在永恒的当下。

——埃克哈特·托利

无论身处何地，全然地安于当下。

——埃克哈特·托利

人也跟书籍一样，有时到了为人所赏识时，已经为时过晚。

——巴尔扎克

在人生的大风浪中，我们常常学船长的样子，在狂风暴雨之下把笨重的货物扔掉，以减轻船的重量。

——巴尔扎克

忍耐是对一切困难的最好治疗。

——普拉图斯

越来越老并不可怕，可怕的是让人觉得越来越老。

——肯尼·罗杰斯

没有人生活在过去，也没有人生活在未来，现在是生命确实占有的唯一形态。

——叔本华

如果有哪位人到中年还想去实现自己青春初年的愿望和理想，那他无疑是在自欺欺人。人生的每一个十年都有它自己的命运、希冀和渴望。

——歌德

没有意义的人生等于提前死亡。

——罗曼·罗兰

人的一生有两大目标：第一，得到你想要的东西；第二，享有你得到的东西。只有最聪明的人才能实现第二目标。　　——洛根

再大的幸福，再快乐的生活，也有尽头。　　——歌德

不知道自己无知，乃是双倍的无知。　　——柏拉图

那些在细心的抚育和亲切的教养之下成长起来的人，处于贫困而不沮丧，受了痛苦而能超脱，因为在他们自己心里就有快乐、满足和安宁的资料。　　——狄更斯

在人生的前半，有享乐的能力而无享乐的机会；在人生的后半，有享乐的机会而无享乐的能力。　　——马克·吐温

世界上最难学懂学透的科学就是知道如何享乐此生，知道如何顺应自然。　　——蒙田

生和死是无法挽回的，唯有享受其间的一段时光。死亡的黑暗背景衬托出生命的光彩。　　——桑塔亚那

幸福的花朵就生长在我们自己家里的灶边，不需要到陌生的花园里去采摘。　　——弗洛德

幸福没有明天，也没有昨天，它不怀念过去，也不向往未来；它只有现在。　　——屠格涅夫

幸福来临时，人们往往不去注意。一旦我们有意去追求，幸福就会像高飞的大雁，永远追不到。

——霍桑

幸福是一只蝴蝶，你要追逐它的时候，总是追不到；但是如果你悄悄地坐下来，它也许会飞落到你身上。

——霍桑

幸福的岁月就是失去的岁月。

——普鲁斯特

当你追求幸福时，幸福往往逃避你；但当你逃避幸福时，幸福却又常常跟随你。

——海伍德

如果幸福在于肉体的快感，那么就应当说，牛找到草料吃的时候，是幸福的。

——赫拉克利特

幸福不是你经历的事，而是你记得的事。

——利万特

一无所求的人是幸福的，因为他永远也不会失望。

——蒲柏

如果一个人知道自己为什么而活的时候，就可以忍受生活加诸他的一切。

——尼采

无论命运把你抛在了哪一个地方，你就地展开搜索，做自己力所能及最好的事，这就是人生最好的方向。

——蒂姆·哈福德

不管你的生活多么卑微，都要投身其中，好好过你的生活，热爱你的生活。 ——梭罗

珍惜今天，珍惜现在，谁知道明天和意外，哪一个先来。 ——野坂昭如

杀了"现在"，也便杀了"将来"。 ——鲁迅

巨大的建筑，总是由一木一石叠起来的，我们何妨做做这一木一石呢？我时常做些零碎事，就是为此。 ——鲁迅

过去的，让它过去，永远不要回顾；未来的，等来了时再说，不要空想；我们只要抓住了现在，用我们现在的理解，做我们所应该做的。 ——茅盾

心态篇

除了青春和爱，我们一无所有。现实有现实的空间，梦想并不容易实现，醒来时才突然发现，自己一直都在幸福的旁边。 ——张爱玲

今日的事情，尽心、尽意、尽力去做了，无论成绩如何，都应该高高兴兴地上床恬睡。 ——三毛

生活是种律动，须有光有影，有左有右，有晴有雨；滋味就含在这变而不猛的曲折里。 ——老舍

吃饭时吃饭，睡觉时睡觉，这就是修行。 ——圣严法师

今天扫完今天的落叶，明天的树叶不会在今天掉下来，不要为明天烦恼，要努力地活在今天这一刻。

——林清玄

长安何处在，只在马蹄下。

——岑参

今朝有酒今朝醉，明日愁来明日愁。

——罗隐

花开堪折直须折，莫待无花空折枝。

——无名氏

百年那得更百年，今日还须爱今日。

——王世贞

即便明天是世界末日，今夜我也要在园中种满莲花。

——来自网络

你得学会过自己的生活，安顿好自己的每一天，活得稍微洒脱一点，充满活力和爱心地来应对生活，你的生活就能乘风破浪。

——摘自网络

决定你穿什么衣服的不只钱包，还有身材；决定你脾气的不只性格，还有修养；决定你品位的不只学历，还有阅历。无论任何年纪，都要坚持做的三件事：运动、读书、工作。

——摘自网络

买了就不要比价格，吃了就不要后悔，爱了就不要猜疑，散了也不要诋毁。所有的一切，都只是为你自己的选择而买单。

——摘自网络

挫折

要像一块岬角的岩石，任凭那海浪不断冲击，只要本身屹立不动，四周汹涌的浪涛不久就消沉下去了。

——马可·奥勒留

我们倒下去要爬起来，受到挫折要战斗得更好。

——勃朗宁

生命中最大的荣耀并不在于永不跌倒，而在于跌倒了能顽强地站起来。

——克林顿

我们生活在冰的表层，真正的人生艺术就是在冰上滑行自如。

——爱默生

我所得到的最好教训，都是来自我的错误的失败中——过去的愚蠢的错误，便是将来的智慧与成功。

——爱德华兹

凡是历尽人间辛酸的人，都是靠他的经历而不是年龄来领悟人生的真谛。

——拜伦

无论头上是怎样的天空，我都准备承受任何风暴。

——拜伦

失败也是我需要的，它和成功一样有价值。只有在我知道一切做不好的方法以后，我才知道做好一件工作的方法是什么。

——爱迪生

人的一生是很短的，短暂的岁月要求我好好领会生活的进程。

——高尔基

人生里有价值的事，并不是人生的美丽，却是人生的酸苦。

——哈代

不论人生多不幸，聪明的人总会从中获得一点益处；不论人生多么幸福，愚蠢的人总觉得无限悲哀。

——拉罗什富科

整个生命就是一场冒险。走得最远的人，常是愿意去做，并愿意去冒险的人。

——卡耐基

如果在自己非常想要做的事情上未能成功，不要立刻放弃并接受失败，试试别的方法，你的弓不会只有一根弦的，只要你愿意找到另一根弦。

——卡耐基

从不获胜的人很少失败，从不攀登的人很少跌跤。

——惠蒂尔

一次挑战就是向自己和他人证明你能力的一次机会。 ——乔·布朗

人生要不是大胆地冒险，便是一无所获。 ——海伦·凯勒

人生求胜的秘诀，只有那些失败过的人才了若指掌。 ——柯林斯

不管一切如何，你仍然要平静和愉快。生活就是这样，我们也就必须这样对待生活，要勇敢、无畏、含着笑容地不管一切如何。 ——罗莎·卢森堡

失败的次数愈多，成功的机会也愈近。成功往往是最后一分钟来访的客人。 ——费德鲁斯

世界上没有伟大的人，只有普通人迎接的巨大挑战。 ——哈尔西

要成功，你必须接受遇到的所有挑战，不能只接受你喜欢的那些。 ——迈克·加弗卡

一时的成就是以多次失败为代价而取得的。 ——弗莱彻

人生最大的光荣，不在于永不失败，而在于能够屡败屡战。 ——哥尔斯密

在人生的道路上，所有的人并不站在同一场所——有的在山前，有的在海边，有的在平原边上。但是没有一个人能够站着不动，所有的人都得朝前走。

——泰戈尔

只有经历地狱般的磨炼，才能练出创造天堂的力量；只有流过血的手指，才能弹出世间的绝唱。

——泰戈尔

当失败不可避免时，失败也是伟大的。

——惠特曼

失败就自暴自弃，无异于自己放弃人生。

——池田大作

逆境给人宝贵的磨炼机会，只有经得起环境考验的人，才算真正的强者。

——松下幸之助

只要放弃一次，就会滋生放弃的习性，原本可以解决的问题也会变得无法解决。

——东野圭吾

有识之士在成功时是不以为自己成功的，在失败时也不以为自己是失败；只有一知半解的人，才把成功和失败当作绝对真实的事情。

——林语堂

顺着天时地利与人和，各有各的办法，各有各的味道，才能算作生活的艺术。

——老舍

任何事业的成功史中必有一段伤心史。

——邹韬奋

人生并非只有一处缤纷烂漫，那凋零的是花——不是春天。

——汪国真

凡是不顺心便跌倒的人是要被社会淘汰的，做一个有弹性的人，是我们一生追求的目标。

——三毛

最为悲哀的是永远倒在一个失败的终点上——要认识到，这绝不是终点，完全可能是通向目标的一个连接点。

——路遥

我们要锻炼自己，对什么事情都不要惊慌失措，而要处变不惊。

——季羡林

对困难先要对它说"是"，接纳它，然后试试跟它周旋，输了也是赢。

——史铁生

命定的局限尽可永在，不屈的挑战却不可须臾或缺。

——史铁生

生活的道路，有时需要两手着地爬、滚、攀、挣扎、搏斗。

——王安忆

千淘万漉虽辛苦，吹尽狂沙始到金。

——刘禹锡

成败极知无定势，是非元自要徐观。

——陆游

宝剑锋从磨砺出，梅花香自苦寒来。

——《警世贤文》

希望

黑夜无论怎样悠长，白昼总会到来的。　　——莎士比亚

今天的希望幻灭了，另一个希望又随着明天的到　　——狄更斯
来而萌芽。

人生包括两部分：过去的是一个梦，未来的是一　　——霍桑
个希望。

希望是不幸者的第二灵魂。　　——歌德

人在自然世界里有一个有限之极，在希望的世界　　——泰戈尔
里则有一个无限之极。

希望在任何时候都是一种支撑生命的安全力量。　　——莎士比亚

希望是苦难的唯一药方。　　——莎士比亚

希望是生命的源泉，失去它生命就会枯萎。 ——富兰克林

我生活在自己的光里，我不断啜饮内心的火焰。 ——尼采

我把细微事物收集起来，好在未来贫瘠的日子
里，让过去的微光带给我温暖。 ——安德烈·艾席蒙

人类最可宝贵的财富是希望，希望减轻了我们的
苦恼，为我们在享受当前的乐趣中描绘出来日乐
趣的远景。 ——伏尔泰

不要离开幻想，一旦幻想消失，你也许可以继续
安在，但生活将从此和你无缘。 ——马克·吐温

智者因希望而忍受人生的痛苦。 ——欧里庇得斯

希望贯穿一切，临死也不会抛弃我们。 ——波普

若你的光源自内心，便永不迷失。 ——鲁米

希望是栖息于灵魂中的一种会飞翔的东西。 ——狄更斯

很难说什么是办不到的事情，因为昨天的梦想，
可以是今天的希望，并且还可以成为明天的现实。 ——罗伯特

希望和耐心是每个人的救命药；灾难临头时，它
们是最可靠的依赖，最柔软的椅垫。 ——罗伯顿

心态篇

事之愚蠢莫过于把希望寄托在别人的身上。

——肯比斯

最难过的日子也有尽头。

——豪厄尔

愿你们每天都愉快地过生活，不要等到日子过去了才找出它们的可爱之处，也不要把所有的特别合意的希望都放在未来。

——居里夫人

人生的道路都是由心来描绘的。所以，无论自己处于多么严酷的境遇之中，心头都不应为悲观的思想所萦绕。

——稻盛和夫

悲观者把机会沦为困难；乐观者把困难铸成机会。

——杜鲁门

人是从苦难中滋长起来的，唯有乐观奋斗，才能不断茁壮成长，反则易埋没，默默终生。

——拿破仑

乐观主义者就是被狮子逼上了树但仍能欣赏风景的人。

——温切尔

过去属于死神，未来属于你自己。

——雪莱

希望会使你年轻，因为希望和青春是同胞兄弟。

——雪莱

没有兴趣指引，没有希望支持，生活就会翻来覆去，千篇一律。

——福楼拜

没有希望的人生不算人生，没有未来的人生最空虚。 ——池田大作

我想：希望是本无所谓有，无所谓无的。这正如地上的路；其实地上本没有路，走的人多了，也便成了路。 ——鲁迅

人生不可无梦，世界上做大事业的人，都是由梦得来；无梦则无望，无望则无成，生活也就没有生趣。 ——林语堂

人类所追求的都是同样的东西——青春、生命、活力、爱情，不仅为他们自己，而且也为别的人。失去了这一切以后所产生的悲哀，乃是人类共有的悲哀。 ——巴金

心态篇

世事之乐不在于实行而在于希望，犹似风景之美不在其中而在其外。 ——丰子恺

人间的事，只要生机不灭，即使重遭天灾人祸，暂被阻抑，终有抬头的日子。 ——丰子恺

人生虽痛苦，却不悲观，因为它终抱着快乐的希望。 ——钱锺书

成长是一种蜕变，失去了旧的，必然因为又来了新的，这就是公平。 ——三毛

一切希望和绝望，一切辛酸和微笑，一切，都可
能是诗，又不仅仅是诗。 ——舒婷

悲观的人，先被自己打败，然后才被生活打败；
乐观的人，先战胜自己，然后才战胜生活。 ——汪国真

梦想虽不见得都是伟大事业的起点，但每种伟大
的事业必定源于一种梦想。 ——王小波

现实终归是现实，你在现实中不能获得的东西，
也别想在梦里得到。 ——陈荒煤

野火烧不尽，春风吹又生。 ——白居易

沉舟侧畔千帆过，病树前头万木春。 ——刘禹锡

残雪压枝犹有橘，冻雷惊笋欲抽芽。 ——欧阳修

我觉君非池中物，咫尺蛟龙云雨。 ——辛弃疾

愿从今后八千年。长似今年，长似今年。 ——陈著

老去又逢新岁月，春来更有好花枝。 ——陈献章

千红万紫安排著，只待新雷第一声。 ——张维屏

悠闲

人们常以为清闲就是幸福。其实，清闲正是生命力的浪费和萎缩。偶尔在忙碌之中有点清闲的机会，那是休息，也是收获和享受。但经常的清闲却是生命的僵化，所感到的将不是悠闲，而是消沉。

——罗曼·罗兰

一般都认为幸福存在于闲暇。不管怎么说，我们为争取闲暇而工作，为生活在和平环境中而战争。

——亚里士多德

工作的目的便是获得空闲。

——亚里士多德

如果一年到头如假日，岂不像连日工作那样令人疲乏？

——莎士比亚

过多或过少的休息，都令人无法松气。

——希尔泰

休息之可贵，在于它是对工作而言。如果把它当作目的去寻求，则会造成一个最可怜的状况。

——斯文格

闲暇的目的不是为了心灵获得充足，而是为了心灵获得休息。

——西塞罗

真正的闲暇并不是说什么也不做，而是能够自由地做自己感兴趣的事情。

——萧伯纳

当你没有空休息的时候，就是你该休息的时候。

——西德尼

幸福只能在内心找到。如果我们的头脑充满了不幸的恐惧与野心，就不可能拥有一颗轻松自在的心。

——马可·奥勒留

一个人如果老是过着幽闭生活，是会变得孤僻、粗野起来的。

——果戈理

生活的乐趣取决于生活者本身，而不是取决于工作或地点。

——爱默生

给你的朋友以时间，给你的妻子以闲暇，放松你的头脑，让你的身子休息，这样你就能更好地完成你所习惯的工作。

——费德鲁斯

要是你一直把弓弦绷得太紧，你的弓很快就会断裂。

——费德鲁斯

在人生的道路上每跌一跤，就会增加一道皱纹。　——石川达三
平静的心境，只有在渐入老境中才能产生。

没有风浪，就不能显示帆的本色；没有曲折，就　——佚名
无法品味人生的乐趣。

生活太安逸了，工作就被生活所累。　——鲁迅

悠闲的生活始终需要一个怡静的内心，乐天旷达　——林语堂
的观念和尽情欣赏大自然的胸怀。

生活的目的就在于生活本身的道理过于简单明　——林语堂
了，以至于我们从未认真去想它。

享受悠闲的生活绝不需要金钱，有钱的阶级不会　——林语堂
真正领略悠闲生活的乐趣。

人在有闲的时候，才最像是一个人。手脚相当　——梁实秋
闲，头脑才能相当地忙起来。

人类最高理想应该是人人能有闲暇，于必需的工　——梁实秋
作之余还能有闲暇去做人，有闲暇去做人的工
作，去享受人的生活。

中年的妙趣，在于相当地认识人生，认识自己，　——梁实秋
从而做自己所能做的事，享受自己所能享受的
生活。

理想的退休生活就是真正的退休，完全摆脱赖以糊口的职务，做自己衷心所愿意做的事。

——梁实秋

用一种拈花微笑的态度，同情一切；以一种超越的笑、了解的笑、含泪的笑、惘然的笑，包含一切，以超脱一切。使颜色暗淡的人生，也罩上一层柔和的金光，觉得人生可爱。

——宗白华

享受平凡质朴的生活，便是人间至幸至福。

——郝华忠

许多大师，恰恰是有很好的生活质量，才保证了卓越的生命质量和工作质量。

——蒋子龙

优裕的生活是我们的理想，但沉溺其中也可能一辈子没出息。

——沈嘉禄

采菊东篱下，悠然见南山。

——陶渊明

宁为宇宙闲吟客，怕作乾坤窃禄人。

——杜荀鹤

平生最喜夜看书，人静心闲乐有余。
识尽古人兴废事，何如一枕梦华胥。

——李纲

终年无客常闭关，终日无心长自闲。

——王维

见苦方知乐，经忙始爱闲。

——白居易

风清闲客去，睡美落花多。　　　　　　　　——贯休

腾腾且安乐，悠悠自清闲。免有染世事，心静如　　——寒山
白莲。

钟鼎山林都是梦，人间宠辱休惊。只消闲处过　　——辛弃疾
平生。

扫地开窗置书几，此生随处便为家。　　　　　　——晁补之

云片飞飞，花枝朵朵。光阴且向闲中过。　　　　——张抡

石作枕，醉为乡。藕花菱角满池塘。　　　　　　——向子諲

醉来深入荷花去，卧看青天飞白鸥。　　　　　　——白珽

山中何事？松花酿酒，春水煎茶。　　　　　　　——张可久

静中念虑澄澈，见心之真体；闲中气象从容，识　　——《菜根谭》
心之真机；淡中意趣冲夷，得心之真味。

人生知足时常足，人老偷闲且是闲。　　　　　——《增广贤文》

迷茫

人生道路有起有落，当你迷茫时，一切并没有
结束。 　　　　　　　　　　　　　　——歌德

人生在世，并非遂己所愿，而是尽己所能。 ——米南德

每事浅尝辄止，结果一事无成。 ——蒙田

行动决定兴废去留，在行动中，我们才有所扬弃。 ——尼采

最重要的就是不要去看远方模糊的东西，而要做
手边清楚的事。 　　　　　　　　　　——卡耐基

我若遇到令我忧虑的事，就把与他有关的一切都
从脑中除去，并全神贯注于工作之上。 ——卡耐基

如果睡不着就起来做点事，不要躺在那里忧虑不
已。啮人身心的是忧虑，不是失眠。 ——卡耐基

万事起头难，不要害怕困难，事情做不好往往不是因为没有能力，大都是由于缺乏恒心。 ——亚米契斯

那时我们还在原地彷徨，可是幸福早已远离身旁，终于了解咎由自取的迷茫。 ——卢梭

人生的第一要义，在于发展自己所有的一切、所能成就的一切。 ——歌德

人生如同一出戏，重要的不是长度，而是表演的出色。 ——塞涅卡

一切伟大的行动和一切伟大的思想，都拥有一个微不足道的开始。 ——加缪

前途并不属于那些犹豫不决的人，而是属于那些一旦决定之后，就不屈不挠、不达目的誓不罢休的人。 ——罗曼·罗兰

任何人都是自己幸福的工匠。 ——梭罗

人类一切努力的目的在于获得幸福。 ——欧文

一旦做出决定就不要拖延，任何事情想到就去做！立刻行动！ ——比尔·盖茨

不要怕出错，也不要畏惧挑战，你应该坚持到底，在出人头地的过程中努力努力再努力。 ——比尔·盖茨

信仰，是人们所必需的。什么也不信的人，不会有幸福。 ——雨果

不管是砌砖，还是当作家，都应该选择一把椅子，然后坚持不懈。 ——帕瓦罗蒂

去做你害怕的事，害怕自然就会消失。 ——爱默生

伸手要来的幸福是会逃走的。 ——阿兰

一个人如果做事没有恒心，他是任何事也做不成功的。 ——牛顿

行动不一定每次都带来幸运，但坐而不行，一定无任何幸运可言。 ——狄斯里犁

所谓活着的人就是不断挑战的人，不断攀登命运高峰的人。 ——蒙田

人生一世，总有些片段当时看着无关紧要，而事实上却牵动了大局。 ——萨克雷

人们常常在遥不可及的地方寻求自己的幸福；其实幸福就存在于我们身边、存在于自然的感情中，就像友谊那样。 ——杜加尔

眼光放远一点，得失看淡一点。 ——罗曼·罗兰

人之所以不幸，乃是因为身在福中不知福。 ——陀思妥耶夫斯基

不论在哪里，自己的幸福是要靠自己去创造，去寻觅。 ——哥尔斯密

真正重要的不是活着，而是活得好。 ——柏拉图

假如你空着，就不要独处；假如你无伴，就不要闲着。 ——约翰逊

即使迷茫，一直以来都困在漆黑的重重黑暗之中，总有一丝希望，将带你穿过。 ——川端康成

单是说不行，要紧的是做。 ——鲁迅

行动是老子，知识是儿子，创造是孙子。 ——陶行知

应该记住，我们的事业需要的是手，而不是嘴。 ——童第周

有一种重量，你愿意为之生也愿意为之死，愿意为之累，愿意在它的引力下耗尽性命。不是强言不悔，是清醒地从命。 ——史铁生

最大的悲哀是生活中缺少选择的机会，人到老年所以迟暮，也在于他们已经无力选择了。 ——周国平

心态篇

我们的生活丰富不丰富，全在我们对于生活的处置如何，不在于环境的寂寞不寂寞。 ——宗白华

人生中有顺境，也有困境和逆境。困境和逆境当然一点儿也不温馨，却是人生最真实的组成部分，往往促人奋斗，也引人彻悟。 ——周国平

有一点缺陷有一点遗憾的人生，是有味道的人生。有一点怪异有一点风险的命运，是有意思的命运。 ——刘心武

晚起步不如早起步，晚行动不如早行动，犹豫不决不如当机立断，唉声叹气不如奋发图强。 ——张抗抗

成年人的世界里没有"容易"两个字，可当你选择了热爱的事，一切就变得很值得。 ——老杨的猫头鹰

停杯投箸不能食，拔剑四顾心茫然。 ——李白

自顾无长策，空知返旧林。 ——王维

日暮乡关何处是？烟波江上使人愁。 ——崔颢

我未成名君未嫁，可能俱是不如人。 ——罗隐

山河破碎风飘絮，身世浮沉雨打萍。 ——文天祥

星辰和大海是要门票的，诗和远方的路费也很贵，永远不要为自己的野心感到抱歉，总有一天我不用再追逐光，我要这光，就为我而来。

——摘自网络

你这一生最重要的责任是保护好自己脆弱的梦想。

——摘自网络

心态篇

情绪篇

治愈别人
治愈自己

痛苦

痛苦不是不可忍受或永远持续的，只要你记住它有它的界限，只要你不在想象中增加什么东西给它。

——马可·奥勒留

使你困扰的不是那件事情的本身，而是你自己对那件事情的判断。

——马可·奥勒留

即使是生活中最令人困惑或痛苦的地方，在经过明辨与抉择之后，也可以变得比较容易忍受。

——马可·奥勒留

一个人如果从来没有参观过痛苦的展览所，那么他只看见过半个宇宙。

——爱默生

极度的痛苦才是精神的最后解放者，唯有此种痛苦，才强迫我们大彻大悟。

——尼采

你遭受了痛苦，你也不要向人诉说，以求同情，因为一个有独特性的人，连他的痛苦都是独特的，深刻的，不易被人了解。别人的同情只会解除你的痛苦的个人性，使之降低为平庸的烦恼，同时也就使你的人格遭到贬值。

——尼采

痛苦的秘密在于有闲工夫担心自己是否幸福。

——萧伯纳

既然痛苦是另一件事的开端，那么今天的痛苦又算得了什么！

——克洛岱尔

人在痛苦时最伤心的事莫过于回顾昔日的幸福。

——缪塞

苦难对于天才是一块垫脚石，对能干的人是一笔财富，对弱者是一个万丈深渊。

——巴尔扎克

人们往往容易忍受最大的痛苦，而难以享受过度的快乐。

——巴尔扎克

忍耐是对付所有困难的最好药物。

——普拉图斯

人的勇气能承担一切重负，人的耐心能忍受绝大部分痛苦。

——约翰生

痛苦这把犁刀一方面割破了你的心，一方面掘出了生命的新水源。

——罗曼·罗兰

情绪篇

人生的钟摆永远在两极中摇晃，幸福仅是其中的一极；要使钟摆停止在它的一极上，只能把钟摆折断。 ——罗曼·罗兰

生命是建筑在痛苦之上的，整个生活贯穿着痛苦。 ——罗曼·罗兰

不论为什么痛苦，真的痛苦，还是人为的痛苦，痛苦永远是没有虚假的。 ——罗曼·罗兰

在生活中，一切都是以痛苦作为代价的；在自然界，每一个幸福都是建立在废墟上的。 ——罗曼·罗兰

生活比胆汁还要苦，但如果没有胆汁，就谁也没法生活。 ——埃利特

新的火焰可以把旧的火焰扑灭，大的痛苦可以使小的痛苦减轻；一桩绝望的忧伤也可以用另一桩烦恼把它驱除。 ——莎士比亚

痛苦的成因不在于缺乏什么东西，而在于对那些东西感到需要。 ——卢梭

任何一个人，只要他不常常想到痛苦，不瞻前顾后，他就不会感到什么痛苦。 ——卢梭

人要是惧怕痛苦，惧怕种种疾病，惧怕不测的事件，惧怕生命的危险和死亡，他就会什么也不能忍受的。 ——卢梭

痛苦并非坏事，除非痛苦征服了我们。 ——金斯利

害怕自己将受苦的人，已经在为自己所害怕的事
而受苦。 ——蒙田

不幸是一所最好的大学。 ——别林斯基

旅行是救治精神痛苦的良药。若是长期留在发生
不幸的地方，种种琐屑的事故会提醒那固执的念
头。因为那些琐屑的事故附丽着种种回忆，旅行
把这锚索弄断了。 ——莫罗亚

最优秀的人物通过痛苦才得快乐。 ——贝多芬

创造就需苦难，苦难是上帝的礼物。 ——贝多芬

想到自己的苦难别人也曾经受过，虽不能治愈痛
楚，却能使它稍稍缓和。 ——莎士比亚

情绪篇

痛苦是一个惩戒者，对于性格的发展往往比快乐
更有用。 ——弗兰克梯利

幸运只会叩响你的门一次，但不幸却有着更多的
耐心。 ——斯威夫特

由于痛苦而将自己看得太低就是自卑。 ——斯宾诺莎

精神上的创伤有这种特征——它可以被掩盖起来，但却不会收口；它是永远痛苦、被触及就会流血、永远鲜血淋淋地留在心头。

——大仲马

了解许多问题的存在，却无力去改变或控制任何一种，人生最大的痛苦莫过于此。

——海隆达斯

对人来说，不幸要比幸福多两倍。

——荷马

幻想出来的痛苦一样可以伤人。

——海涅

极端幸福和极端不幸的人，都会滋生一种冷酷无情的倾向。

——孟德斯鸠

不知何为痛苦的人也就不懂何为幸福了。

——拜伦

一切痛苦能毁灭人，然而受苦的人也能把痛苦消灭。

——拜伦

谁经历的苦难多，谁懂得的东西也就多。

——荷马

不要感叹生活的痛苦，感叹是弱者的行为。

——高尔基

痛苦、失望和悲伤不是为了使我们发怒、自暴自弃和堕落沉沦，而是使我们成熟和清醒。

——赫尔曼·黑塞

苦难磨炼一些人，也毁灭另一些人。

——托·富勒

苦难有如乌云，远望去但见墨黑一片，然而身临 ——格哈德·里希特
其下时，不过是灰色而已。

经受痛苦与忧伤越多的人，越是能忍耐。 ——华兹华斯

生活由啜泣、抽噎和微笑组成，其中又以抽噎 ——亨利
为多。

一粒珍珠是痛苦围绕着一粒沙子所建造起来的 ——纪伯伦
宇宙。

许多的痛苦是你自择的。 ——纪伯伦

武力是无能者最后的手段。 ——艾萨克·阿西莫夫

眼泪无法洗去痛苦。 ——拉克司内斯

痛苦时有个同伴是极大的安慰。 ——黎里

除了神之外，谁能够永远悠悠一生，没有痛苦？ ——埃斯库罗斯

人生最苦痛的是梦醒了无路可走。 ——鲁迅

不是你战胜生活，就是生活将你压碎。 ——茅盾

人生本质是痛苦，痛苦之源，乃是爱情过重。 ——冰心

情绪篇

苦难对我们，成了一种功课，一种教育，你好好地利用了这苦难，就是聪明。

——三毛

被苦痛所压倒是软弱，软弱到相当的程度便会自暴自弃。

——老舍

苦难也是上帝赐予我们的一种生活。

——迟子建

人的一切痛苦，本质上都是对自己的无能的愤怒。

——王小波

真正懂得痛苦的人脸上呈现着端庄的笑容。叫苦连天的人只有怯懦和牢骚，却没有痛苦。

——王蒙

不是只有自己在失去、在衰老、会生病、经历挫折、没有安全感。每个人的生活都充满变化起伏，有得有失，这是普遍的，也是自然的。

——希阿荣博堪布

世间无限丹青手，一片伤心画不成。

——高蟾

此生谁料，心在天山，身老沧洲。

——陆游

老来行路先愁远，贫里辞家更觉难。

——元好问

咬得菜根，百事可做。

——《菜根谭》

须知极乐神仙境，修炼多从苦处来。

——袁枚

焦虑

你担心什么，什么就控制你。 ——约翰·洛克

永远得不到安宁，永远得不到满足，老是追求着永远得不到的东西，情节、计划、忧虑和烦恼永远萦绕在脑。 ——狄更斯

财富减轻不了人们心中的忧虑和烦恼。 ——提卢布斯

生活不可能像你想象的那么好，但也不会像你想象的那么糟。我觉得人的脆弱和坚强都超乎自己的想象。有时，我可能脆弱得一句话就泪流满面；有时，也发现自己咬着牙走了很长的路。 ——莫泊桑

使我们摇摆不定的不是事情本身，而是我们的希望和恐惧。 ——马可·奥勒留

做事不可迟缓，言谈不可杂乱，思想不可游移，灵魂不可完全倾注于自身，或者过分焦躁不安，生活中不可忙碌不止。

——马可·奥勒留

聚敛财富也即自寻烦恼。

——富兰克林

能忍耐的人才能达到他所希望达到的目的。

——富兰克林

希望好像一个家庭，没有它，你会觉得生活乏味；有了它，你又觉得天天为它辛劳，是一种烦恼。

——马克·吐温

害怕危险的心理比危险本身还要可怕一万倍。

——笛福

嫉妒的人常自寻烦恼，这是他自己的敌人。

——德谟克利特

一切顽固沉重的忧悒和焦虑，足以给各种疾病大开方便之门。

——巴甫洛夫

我们的疲劳通常不是由于工作，而是由于忧虑、紧张和不快。

——卡耐基

如果我们以生活来付忧虑的代价，付得太多的话，我们就是傻子。

——卡耐基

不知道怎样抗拒忧虑的人，都会短命而死。

——卡耐基

当你开始为那些已经过去的事忧虑的时候，你不过是在锯一些木屑。

——卡耐基

烦恼的事情最好在散步时把它忘掉，你不妨出来试试看看，一切烦恼事情都会像长了翅膀一样飞走了。　　——卡耐基

上天给予人一分困难时，同时也添给人一分智力。　　——雨果

生活本来就是由一个接一个意想不到的事件组成的，如果它不是这样的话，那么它就不值得我们去体验。　　——爱默生

每一种挫折或不利的突变，是带着同样或较大的有利的种子。　　——爱默生

上帝为了补偿人间诸般烦恼事，给了我们希望和睡眠。　　——伏尔泰

聪明人不注意自己不可能得到的东西，也不会为它们烦恼。　　——乔赫伯特

焦虑与磨难才能使人耳聪目明，这是大家都懂的道理。　　——罗布莱斯

忧患比疾患更令人难受。　　——托·富勒

无论在什么时候，要想摆脱令人烦恼的胡思乱想，不妨去求助于书本。书本总和蔼可亲地欢迎你。　　——托·富勒

不要无事讨烦恼，不作无谓的希求，不作无端的伤感，而是要奋勉自强，保持自己的个性。

——德莱塞

烦恼如果不显露在你的脸上，就盘踞在你的心里。

——赫维

每人有每人的烦恼。每人的烦恼都是按照自我的尺寸造成的，只但是，人人的烦恼都不一样。

——罗曼·罗兰

我们的烦恼，就因为不能一人单独生活。

——拉布吕耶尔

忧患激发天才，幸运埋没天才。

——霍勒斯

不管全世界所有人怎么说，我都认为自己的感受才是正确的。无论别人怎么看，我绝不打乱自己的节奏。喜欢的事自然可以坚持，不喜欢怎么也长久不了。

——村上春树

有过各种烦恼，才能体味到各种愉悦。

——池田大作

人生不过如此，且行且珍惜。自己永远是自己的主角，不要总在别人的戏剧里充当看配角。

——林语堂

一切为了明日，不要迷恋昨日。

——叶圣陶

心小了，所有的小事就大了；心大了，所有的大事都小了；看淡世事沧桑，内心安然无恙。

——丰子恺

明天的渺茫全仗昨天的实在撑持着，新梦是旧事的拆洗缝补。　——老舍

每个人都想争取一个完满的人生。然而，自古及今，海内海外，一个百分之百完满的人生是没有的。所以我说，不完满才是人生。　——季羡林

遇到最坏的情况，那也不坏，因为从今天起再也不会比这更坏了，只会再好起来。　——林清玄

你要活得随意些，你就只能活得平凡些；你要活得辉煌些，你就只能活得痛苦些；你要活得长久些，你就只能活得简单些。　——汪国真

金钱是一种有用的东西，但是，只有在你觉得知足的时候，它才会带给你快乐，否则的话，它除了给你烦恼和妒忌之外，毫无任何积极的意义。　——席慕蓉

你必须按所想的生活，否则你只能按生活去想。　——王小波

人生在世，总会遭受不同程度的苦难，世上并无绝对的幸运儿。　——周国平

年轻人，你的职责是平整土地，而非焦虑时光。你做三四月的事，在八九月自有答案。　——余世存

烦恼如影随形，焦虑如蛆附骨。　——李白

情绪篇

173

云白山青万余里，愁看直北是长安。 ——杜甫

焦虑伤害千百遍，才知平静是福田。 ——白居易

随富随贫且欢乐，不开口笑是痴人。 ——白居易

何须更问浮生事，只此浮生是梦中。 ——鸟窠禅师

竹杖芒鞋轻胜马，谁怕？一蓑烟雨任平生。 ——苏轼

都道无人愁似我，今夜雪，有梅花，似我愁。 ——蒋捷

须信百年都似梦，莫嗟万事不如人。 ——潘阆

从物质中获得幸福的时代已经结束了。 ——摘自网络

累的时候，想想当年无比渴望得到这份工作时的心情吧！ ——摘自网络

如果你担心某种情况发生，那么它就更有可能发生。所有可能出错的事，一定会出错。越是在乎什么，越容易失去。 ——摘自网络

恐惧在敲门，勇气打开门，门外根本没有人。 ——摘自网络

这世界很喧嚣，做你自己就好。 ——摘自网络

快乐

快乐不在于事情，而在于我们自己。 ——理查德·瓦格纳

快乐并不需要下流或肉欲。往昔的智者们都认为 ——毛姆
只有智性的快乐最令人满足而且最能持久。

快乐并非目的，而是人生旅途中的一种态度。 ——伦贝克

快乐的笑容是室内的阳光。 ——柴克莱

学会以最简单的方式生活，不要让复杂的思想破 ——弥尔顿
坏生活的甜美。

我们为了欢乐而生，为了欢乐而战斗，为了欢乐 ——伏契克
而死。因此，永远不可让悲哀同我们的名字连在
一起。

快乐是一种香水，无法倒在别人身上，而自己却不沾上一些。　　——爱默生

欢乐的回忆已不再是欢乐，而哀愁的回忆却仍是哀愁。　　——拜伦

真正的快乐是内在的，它只有在人类的心灵里才能发现。　　——布雷默

静默是表示快乐的最好的方法，要是我能够说出我心里多么快乐，那么我的快乐只是有限度的。　　——莎士比亚

仅仅一个人独善其身，那实在是一种浪费。上天生下我们，是要把我们当作火炬，不是照亮自己，而是普照世界；因为我们的德行倘不能推及他人，那就等于没有一样。　　——莎士比亚

一个人思虑太多，就会失却做人的乐趣。　　——莎士比亚

乐极固然生悲，悲苦到了尽头，也会涌起了意想不到的快乐。　　——薄伽丘

在花中采蜜，是蜜蜂的娱乐；但将蜜汁送给蜜蜂，也是花的快乐。　　——纪伯伦

当劳动是一种快乐时，生活是美的；当劳动是一种责任时，生活就是奴役。　　——高尔基

一个明智的追求快乐的人，除了培养生活赖以支撑的主要兴趣之外，总得设法培养其他许多闲情逸致。 ——罗素

聪明人并不一味追求快乐，而是竭力避免不愉快。 ——苏格拉底

任何一个人，只要他的心和他的爱好遭到了破坏，他如花似锦的年华就会像春梦似的消磨过去。 ——卢梭

世界上没有比快乐更能使人美丽的化妆品。 ——布雷顿

人并非为获取而给予，给予本身即是无与伦比的欢乐。 ——弗罗姆

如果一个人仅仅想到自己，那么他一生里，伤心的事情一定比快乐的事情来得多。 ——马明·西比利亚克

苦难是人生的老师，通过苦难，走向快乐。 ——贝多芬

最快乐的事莫过于无拘无束。 ——培根

快乐的雨丝宛若清晨晶莹的露珠，把一颗颗珍珠滴入花的心田。 ——伦道夫

欢娱是短暂的，它有一张多变的脸。 ——布朗

为了得到真正的快乐，避免烦恼和脑力的过度紧张，我们都应该有一些嗜好。 ——丘吉尔

你永远不要相信，把自己的快乐建筑在别人痛苦之上的人会得到幸福。 ——塞涅卡

一个不欣赏自己的人，是难以快乐的。 ——三毛

旅行真正的快乐不在于目的地，而在于它的过程。遇见不同的人，遭遇到奇奇怪怪的事，克服种种的困难，听听不同的语言，在我都是很大的快乐。虽说一沙一世界，一花一天堂；更何况世界不只是一沙一花，世界是多少多少奇妙的现象累积起来的。我看，我听，我的阅历就更丰富了。 ——三毛

人不管走到哪一步，总得找点乐子，想一点办法，老是愁眉苦脸的，干吗呢！ ——汪曾祺

我们有过各种创伤，但是我们今天应该快乐。 ——汪曾祺

有时候，只要把心胸敞开，快乐也会逼人而来。这个世界，这个人生，有其丑恶的一面，也有其光明的一面。良辰美景，赏心乐事，随处皆是。智者乐水，仁者乐山。雨有雨的趣，晴有晴的妙，小鸟跳跃啄食，猫狗饱食酣睡，哪一样不令人看了觉得快乐？ ——梁实秋

快乐是在心里，不假外求，求即往往不得，转为烦恼。　　——梁实秋

快乐是一种心理状态。内心湛然，则无往而不乐。吃饭睡觉，稀松平常之事，但是其中大有道理。　　——梁实秋

生命中不是只有快乐，也不是只有痛苦，快乐和痛苦是相生相成、互相衬托的。　　——冰心

娱乐至少与工作有同等的价值。　　——冰心

正当的游玩，是辛苦的安慰，是工作的预备。　　——丰子恺

那种极其困难的环境中，人生乐趣仍然是有的。在任何情况下，人生也绝不会只有痛苦，这就是我悟出的禅机。　　——季羡林

快乐在人生里，好比引诱小孩子吃药的方糖，更像跑狗场里引诱赛跑的电乌龟。几分钟或者是几天的快乐赚我们活了一世，忍受着许多痛苦。　　——钱锺书

一般人是从贪欲心中去追求快乐，从个人自私中去占有快乐，从物质享受中去寻找快乐。而要想获得内心真正的平衡，一定要扫除自私自利的观念，净化自己的身心，变化自己的气质，庄严自己的思想，从奉献中获得快乐。　　——星云大师

情绪篇

人生有两大快乐，一是没有得到你心爱的东西，
于是你可以去寻求和创造；另一个是得到了你心
爱的东西，于是你可以去品味和体验。 ——周国平

人不要跟别人比，要跟自己比。跟别人比，会使
得自己永远都不快乐。跟自己比，看到自己每天
都在进步，你会很快乐。 ——俞敏洪

生活不能改变，我就改变，谁也甭想破坏我的好
心情。 ——王朔

快乐是要去找的，很少有天生幸福的人。 ——亦舒

白日放歌须纵酒，青春作伴好还乡。 ——杜甫

世间行乐亦如此，古来万事东流水。 ——李白

春风得意马蹄疾，一日看尽长安花。 ——孟郊

一笑聊开口，千忧不上眉。 ——陈与义

浮生长恨欢娱少，肯爱千金轻一笑。 ——宋祁

人逢喜事精神爽，月到中秋分外明。 ——冯梦龙

一生快乐皆庸富，万种艰辛出伟人。 ——王永彬

忧愁

忧思分割着时季，扰乱安息，把夜间变为早晨，正午变为黑夜。 ——莎士比亚

对于已成之局，徒然悲伤，非但无益，而且有损。 ——莎士比亚

女人的忧愁总是像她的爱一样，不是太少，就是超过分量。 ——莎士比亚

苦恼常常属于没有自知之明的人。 ——埃勒比

忧郁是黄昏的暮景，苦痛在那里消融，变成了一种暗淡的欢乐。忧郁是愁苦人的快乐。 ——雨果

淡淡的哀愁却能增加一种妩媚，但它最终会加深脸上的皱纹，毁掉一切容貌中最可爱的容貌。 ——巴尔扎克

几乎每个人每天都花费大量的时间担忧未来。但这一切都是无济于事的。 ——韦恩·戴埃

烦恼与欣喜，成功与失败，仅系一念之间。 ——大仲马

莫把烦恼放在心上，免得白了少年头；莫把忧愁放在心上，免得未老先丧生。 ——狄更斯

人要避免灾祸的最好办法，莫如增长自己的心灵财富，人的心灵财富愈多，厌倦所占的地位就愈小。 ——叔本华

经得起各种诱惑和烦恼的考验，才算达到了最完美的心灵的健康。 ——培根

人在烦躁不安的时候，往往愿意把别人也惹得烦躁不安。 ——罗曼·罗兰

在那些苦闷的时候，一个人自以为一切都完了，殊不知一切还都要开始呢。 ——罗曼·罗兰

快乐没有本来就是坏的，但是有些快乐的产生者却带来了比快乐大许多倍的烦扰。 ——伊壁鸠鲁

愁云惨雾虽然一时蒙蔽了天空，但是没有用，天仍然会亮！ ——歌德

怀着苦恼上床，就是背着包袱睡觉。 ——哈里柏顿

所有的人都以快乐幸福作为他们的目的；没有例外，不论他们所使用的方法是如何不同，大家都在朝着这同一目标前进。 ——帕斯卡

人终有对镜生悲之时，而悲伤将是产生皱纹的又一个缘由。 ——奥维德

不管我到什么地方去，我是去找快乐的。我绝不会到什么地方去找痛苦，因为我生来就是个寻欢作乐的人。只有痛苦找到我头上，我才会痛苦。 ——狄更斯

烦恼究竟是什么？这是一种不健康而且是破坏性的心理习惯。 ——汉奈尔

忧愁好像一块石头，一个人会被它压倒，两个人就能轻而易举把它从路上搬开。 ——豪夫

优于别人，并不高贵，真正的高贵应该是优于过去的自己。 ——海明威

忧愁是两座花园之间的一堵墙壁。 ——纪伯伦

今天所忧虑的事情，绝不能延续到明天，所以当你每晚上床时，要对你的烦恼心平气和地说："我为你已经尽了全力，今后不想再见到你了。" ——柯珀

愉快有益于人的身体，但只有悲伤才能培养心灵力量。　　——普鲁斯

行动是治疗忧愁的唯一方法。　　——里伟斯

如果说人间有地狱的话，这将在忧伤者的心里找到。　　——罗·伯顿

忧愁一旦进入人的心里，便会完全占据它，直到止息。　　——琼森

一系列成功所带来的幸福也不足以同一个失败所造成的苦恼相比。　　——西塞罗

忧虑像一把摇椅，它可以使你有事做，但却不能使你前进一步。　　——席勒

忧伤有尽头，而忧虑却没有尽头。因为忧伤是由于已经发生的事，而我们忧虑的都只是可能发生的事。　　——小普林尼

我们给我们的悲痛以某种借口，但引起悲痛的常常不过是利益和虚荣。　　——拉罗什富科

忧愁是一朵黑云，可以改变人们的精神状态。　　——雨果

把自己的忧伤抱紧，决不受人安慰，是英勇的。　　——泰戈尔

忧愁在我心中沉寂平静，正如黄昏在寂静的林中。 ——泰戈尔

对明天的希望会驱走所有的悲伤。 ——奥修

在那些人们能有闲情逸致编故事的地方，一定不会有多少忧伤。 ——约翰生

揭开面具，你们的欢乐就是你们的忧愁，从你泪水注满的同一眼井中，你的欢乐泉涌，能不如此吗？哀愁刻画在你们身上的伤痕愈深，你们就能容纳愈多的快乐。 ——纪伯伦

如果世间真有这么一种状态：心灵十分充实和宁静，既不怀恋过去也不奢望将来，放任光阴的流逝而仅仅掌握现在，无匮乏之感也无享受之感，不快乐也不忧愁，既无所求也无所惧，而只感受到自己的存在，处于这种状态的人就可以说自己得到了幸福。 ——卢梭

不要回避苦恼和困难，挺起身来向它挑战，进而克服它。 ——池田大作

只要人心中有了春气，秋风是不会引人愁思的。 ——冰心

即使在生活中，烦恼也并不都是坏事。正是因为有烦恼，所以才有想摆脱烦恼的抗争，于是才有进步。 ——周作人

小小的忧愁与困难可以养成严肃的人生观。 ——张爱玲

不是苦恼太多，而是我们的胸怀不够开阔，不是幸福太少，而是我们还不懂得生活。 ——汪国真

没有人愿意饱尝愁苦的滋味——假如他能够避免；没有人不愿意作出美好的诗篇——即使他缺乏才情；没有人不愿意取巧省事——何况他并不损害旁人。 ——钱锺书

人生就像迷宫，我们用上半生找寻入口，用下半生找寻出口。 ——朱德庸

白发三千丈，缘愁似个长。 ——李白

芭蕉不展丁香结，同向春风各自愁。 ——李商隐

愁人莫向愁人说，说向愁人愁杀人。 ——普济

勿以有限身，常供无尽愁。 ——陆游

便作春江都是泪，流不尽，许多愁。 ——秦观

三分春色描来易，一段伤心画出难。 ——《牡丹亭》

悲伤

我睁开眼睛，看到的是一片黑暗；我张口说话，说出的全是悲伤。　——纪伯伦

郁结不发的悲哀正像闷塞了的火炉一样，会把一颗心烧成灰烬。　——莎士比亚

谁要是能够把悲哀一笑置之，悲哀也会减弱它的咬人的力量。　——莎士比亚

忧伤足以致命。　——莎士比亚

当你的欢乐和悲哀变大的时候，世界就变小了。　——纪伯伦

人们没有权利单单记住人的眼泪，而看不见眼泪化成彩虹。　——阿拉贡

悲哀和烦恼不是使人心软，就是使人心狠。 ——麦金托什

悲观的人虽生犹死，乐观的人永生不老。 ——拜伦

悲伤只折磨孤独的人，繁忙的人无暇流泪。 ——拜伦

如果怀着愉快的心情谈起悲伤的事情，悲伤就会烟消云散。 ——乔治·彭斯

让自己不停地忙着，忧虑的人一定要让自己沉浸在工作里，否则只有在绝望中挣扎。 ——卡耐基

人们没有哭，便不会有笑，小孩一生下来，便有哭的本领，后来才学会笑。所以一个人不先了解悲哀，便不会了解快乐。 ——培根

忧郁与愤怒，不但能使人消沉与沮丧，而且有可能置人于死地。 ——福莱奇尔

一切使你痛心的事情，不要老在抱怨多讲，只要活泼活泼地唱歌，一切都会恢复正常。 ——富凯

一定的忧愁、痛苦或烦恼，对每个人都是时时必需的。一艘船如果没有压舱物，便不会稳定，不能朝着目的地一直前进。 ——叔本华

眼眶里晶莹闪亮的并不是泪水，真正的泪水隐藏在我们的心里。 ——纪伯伦

和你一同笑过的人，你可能把他忘掉；但是和你
一同哭过的人，你却永远不忘。

——纪伯伦

当悲伤沉睡时，别去把它唤醒。

——托·富勒

既然痛苦是欢乐的源泉，那又何必为痛苦而悲伤?

——歌德

过分的哀戚是摧残生命的仇敌，适度的悲伤是对
于死者应有的情分。

——莎士比亚

越是缺少担负悲哀的勇气，悲哀压在心头越是
沉重。

——莎士比亚

如果人们不对悲伤屈服，过度的悲伤不久就会自
己告终的。

——莎士比亚

用言语把你的悲伤倾泻出来吧，无言的哀痛是会
向那不堪重压的心低声耳语，叫它裂成碎片的。

——莎士比亚

永远不快乐的心很可悲。

——玛利亚特

苦恼，不拘什么样的苦恼，一个有理智的心灵，
总可以找到毅力和勇气来抵抗它；一个巨大的苦
痛，常常是一个很好的教训。

——缪塞

如果说极度的痛苦由于时光的消逝而有所减轻的
话，那么取而代之的是永久的忧郁了。

——毛姆

情绪篇

笑，全世界便与你同声笑；哭，你便独自哭。　　——张爱玲

伤心没有可能一次摊还，它是被迫的分期付款。　　——三毛
即使人有本钱，在这件事上，也没有办法快速
结账。

一切都会过去，明天各人又将各奔前程。生命无　　——三毛
所谓长短，无所谓欢乐哀愁，无所谓爱恨得失。
一切都要过去，像那些花，那些流水。

人之所以悲哀，是因为我们留不住岁月，更无法　　——三毛
不承认，青春，有一日是要这么自然地消失过
去。而人之可贵，也在于我们因着时光环境的改
变，在生活上得到长进。岁月的流失固然是无
可奈何，而人的逐渐蜕变，却又脱不出时光的
力量。

悲观人是怕活着，不怕去死。　　——老舍

心如槁木不如工愁多感，迷蒙的醒不如热烈的　　——叶圣陶
梦，一口苦水胜于一盏白汤，一场痛哭胜于哀乐
两忘。

蓓蕾一般默默地等待，夕阳一般遥遥地注目，也　　——舒婷
许藏有一个重洋，但流出来，只是两颗泪珠。

优等的心，不必华丽，但必须坚固。　　——毕淑敏

再美好也经不住遗忘，再悲伤也抵不过时间。 ——席慕蓉

当人的心灵里过分缺乏忧思和痛苦时，那心灵有可能显得轻浮和疏松，谈不到丰富和美好。这时如能一人静处，坐下来，酝酿一番情绪，产生出来一种发自内心的感动，哭一哭，我以为那是非常必要的事，是一种灵魂的保健操。 ——刘心武

哀莫大于心死，而人死亦次之。 ——《庄子》

出师未捷身先死，长使英雄泪满襟。 ——杜甫

大都好物不坚牢，彩云易散琉璃脆。 ——白居易

我歌诚自恸，非独为君悲。 ——柳宗元

花满市，月侵衣。少年情事老来悲。 ——姜夔

劝君频入醉乡来，此是无愁无恨处。 ——晏几道

夜寒惊被薄，泪与灯花落。 ——纳兰性德

情绪篇

191

烦恼

苦恼的最大来源是患得患失，人们常参不透，你　——罗曼·罗兰
要有所取，务必有所舍。

人们烦恼迷惑，实因看得太近，而又想得太多。　——罗曼·罗兰

相思之苦和感情的烦恼使人的心灵受到最厉害的　——茨威格
折磨。

追求幸福，免不了要触摸痛苦。　——霍尔特

能生点病是有福的，可以使你摆脱某些不愉快的　——高尔基
事情，但是不包括死亡，因为死亡虽说可以使你
永远摆脱人间一切烦恼，可是你却又要到地狱去
受折磨。

要是人家骗了你，他也不必生气，因为人人都想活，生活的门路却到处都很狭窄，所以就不能不擦碰别人。　——高尔基

可惜的是，在这个世界上，人心里一踏实，立刻就得再去找点儿别的烦恼。　——马克·吐温

人活着总是有趣的，即便是烦恼也是有趣的。　——门肯

只要是人，谁也无法了无烦忧，平静无事地过完生命。　——埃斯库罗斯

生活是个富于创造性的历程，它提供了许多机会，却没有不可克服的困难。　——阿德勒

荣华富贵之心越重和生性越敏感的人，烦恼也越多。　——海因里希·伯尔

忧郁是因为自己无能，烦恼是由于欲望得不到满足。　——大仲马

天下最苦恼的事莫过于看不起自己的家。　——狄更斯

仅仅那些能具有深厚感情的人，才能再体会出更大的苦恼。　——列夫·托尔斯泰

人们对巨大的折磨往往比对每一天琐碎的烦恼更容易忍受。　——拉福雷特

情绪篇

许多年过去了，人们说陈年旧事可以被埋葬，然而我终于明白这是错的，因为往事会自行爬上来。

——卡勒德·胡赛尼

幸运并非没有恐惧和烦恼；厄运也决非没有安慰和希望。

——培根

只要活在这个世界上，不管衰老、病痛、穷困和监禁会给人怎样的烦恼和苦难，比起死的恐怖来，也就像天堂一样幸福了。

——莎士比亚

多和朋友交游无疑是医治心病的良方。

——泰戈尔

要走的东西会走的；不管你是否坐在那里保卫它，它仍然要走，肯定要走。

——泰戈尔

不要预期烦恼，或者为可能永不发生的事情担心，要保持欢乐。

——富兰克林

用不着操心去装门面，不必苦心焦虑去钩心斗角，也不必为了妒忌别人和患得患失而烦恼。

——马克·吐温

人生不是一个待解决的问题，而是必须经历的事实。

——祁克果

对具有高度自觉与深邃透彻的心灵的人来说，痛苦与烦恼是他必备的气质。

——陀思妥耶夫斯基

舒适的生活将会带来无限的烦恼的。 ——卢梭

娱乐存在于生活之中，并创造了生活的风貌。 ——三木清

仅一夜之间，我心判若两人。她自人海中来，来时携风带雨，我避无可避；走时乱了四季，我久病不医。 ——太宰治

世上的人大半不会用自己的脑袋思考，而且越是不思考的人，越不愿倾听别人说话。 ——村上春树

这个世界上根本没有正确的选择，我们只不过是要努力奋斗，使当初的选择变得正确。 ——村上春树

其实所有纠结做选择的人心里早就有了答案，咨询只是想得到内心所倾向的选择。最终的所谓命运，还是自己一步步走出来的。 ——东野圭吾

生命中的全部偶然，其实都是命中注定。 ——东野圭吾

多愁多虑，多烦多恼，都是庸人自扰。 ——邹韬奋

刻意去找的东西，往往是找不到的。天下万物的来和去，都有它的时间。 ——三毛

怕什么？一切要来的都得来，不必怕。 ——沈从文

情绪篇

人与人的交往多半肤浅，或只有在较为肤浅的层面上，交往才是容易的，一旦走进深处，人与人就是相互的迷宫。

——史铁生

在茫茫的大千世界里，每一个人都应该保有一个自己的小千世界。

——林清玄

一个人，风尘仆仆地活在这个世界上，要为喜欢自己的人而活着。这才是最好的态度。不要在不喜欢你的人那里丢掉了快乐，然后又在喜欢自己的人这里忘记了快乐。

——莫言

我佩服那些可以隐忍的人，将自己的苦痛掩映得那么深，只取快乐与别人分享，其实内心悲伤早已泛滥成灾，却看上去若无其事，岁月安好。

——白落梅

生活没这么复杂，种豆子和相思或许都得瓜，你敢试，世界就敢回答。

——冯唐

弃我去者，昨日之日不可留；乱我心者，今日之日多烦忧。

——李白

人到愁来无处会，不关情处总伤心。

——黄庭坚

烦恼场空，身住清凉世界；营求念绝，心归自在乾坤。

——《小窗幽记》

治愈

不要为将来担忧。如果你必须去到将来，你会带
着同样的理由去的，恰似你带着理由来到现在。

——马可·奥勒留

我是尘世的一个凡人。我有爱，也必然有烦恼。

——荷尔德林

我们若已接受最坏的，就再没有什么损失。

——卡耐基

人类某些珍贵的情绪和情感，比如优雅、谦逊、
善良和温柔，都来自于不对称的平衡。

——山本耀司

有些女人，她们体验过地狱般的人生，尝遍了人
生酸甜苦辣。有时，她们的哀伤如香火般从她们
的身上升起，灰飞烟灭，但哀伤的味道却不会沾
染在她们身上。她们才是受过良好教育的、高贵
的女人。只有为了她们，我才会奉上用刀片划开
的那一道精心设计的、完美的衣兜。

——山本耀司

不管发生什么事，都请安静且愉快地接受人生，勇敢地、大胆地，而且永远地微笑着。　　——罗莎·卢森堡

幸运并非没有许多的恐惧和烦恼；厄运也并非没有许多的安慰和希望。　　——培根

我已享受过这世界的欢愉，青春的快乐早已流逝，生命的春天离我非常遥远。　　——海塞

如果一个人影响到了你的情绪，你的焦点应该放在控制自己的情绪上而不是影响你情绪的人身上。　　——马克·吐温

不管前方的路有多苦，只要走的方向正确，不管多么崎岖不平，都比站在原地更接近幸福。　　——宫崎骏

人生中有些事，你不竭尽所能去做，你永远不知道你自己有多出色。　　——尾田荣一郎

人生也一样，有白天和黑夜，只是不会像真正的太阳那样，有定时的日出和日落。　　——东野圭吾

世界让我遍体鳞伤，但伤口长出的却是翅膀。向我袭来的黑暗，让我更加灿亮。　　——阿多尼斯

医治一切病痛最好的最宝贵的药品，就是劳动。　　——奥斯特洛夫斯基

良好的健康状况和高度的身体训练，是有效的脑
力劳动的重要条件。

——克鲁普斯卡娅

青春之所以幸福，就是因为它有前途。

——果戈理

勇敢之人随遇而安，所到之处都是故乡。

——马辛杰·菲利普

过去的事让它过去吧，时间会把你心头那份深深
的创伤治愈的。

——柯林斯

行动起来，走动起来。离开的人是有福的。

——奥尔加·托卡尔丘克

何必为部分的人生而哭泣，君不见整个人生都催
人泪下。

——塞涅卡

落日的余晖照在济贫院的窗户上，像照在富人的
豪宅的窗户上一样熠熠生辉；春天来了，积雪在
济贫院门口一样会早早化掉的。

——梭罗

我一边踉跄前行，一边重整旗鼓。

——太宰治

你要做一个不动声色的大人了。不准情绪化，不
准偷偷想念，不准回头看。去过自己另外的生
活。你要听话，不是所有的鱼都会生活在同一片
海里。

——村上春树

人生来便注定会失去一切，消失，完全地消失于虚无，从入口进来，从出口出去。这个过程如果是漫长的，谁又不渴望温暖地度过呢？

——村上春树

春天，总会在遇到新事物时，遇见全新的自己。

——川村由贵子、塚本大树

青春就是这样脆弱到无法挽留的东西。

——张爱玲

偶尔抱怨一次人生可能是某种情感的宣泄，也无不可，但是习惯性地抱怨而不谋求改变，便是不聪明的人了。

——三毛

给自己时间，不要焦急，一步一步来，一日一日过，请相信生命的韧性是惊人的，跟自己向上的心去合作，不要放弃对自己的爱护。

——三毛

黄昏是一天最美丽的时刻，愿每一颗流浪的心，在一盏灯光下，得到永远的归宿。

——三毛

你没有被抛弃，没有人能在世界上抛弃你，除非你自暴自弃。因为我们是属于自己的，而不是属于他人。

——三毛

日头没有辜负我们，我们也切莫要辜负日头。

——沈从文

人间没有永恒的夜晚，世界没有永恒的冬天。

——艾青

都说梨花像雪，其实苹果花才像雪。雪是厚重的，不是透明的。梨花像什么呢？——梨花的瓣子是月亮做的。 ——汪曾祺

如果你来访我，我不在，请和我门外的花坐一会儿，它们很温暖，我注视它们很多很多日子了。 ——汪曾祺

要向一颗微不足道的星星学习：可以微弱，但要有光。 ——毕淑敏

每一颗钻石在被发现前，都要经受埋藏尘埃的寂寞时光。 ——毕淑敏

有一颗大心，才盛得下喜怒，输得出力量。 ——毕淑敏

问题如果有办法解决，就不必担心；如果没有办法解决，担心也没有用。 ——寂天菩萨

孤独和喧嚣都难以忍受，如果一定要忍受，我宁可选择孤独。 ——周国平

你是侏儒中的侏儒，至小中的至小。但你是一切。 ——余光中

一个能够升起月亮的身体，必然驮住了无数次的日落。 ——余秀华

情绪篇

生命里有连绵不断的悲苦和这悲苦之上的故事，我爱死了这说不清道不明的一生。我爱着人生里涌现的骄傲和低处的迷雾。我感谢我自己卑微而鲜活地存在。

——余秀华

从此唯行乐，闲愁奈我何。

——李建勋

幸遇三杯酒好，况逢一朵花新。

——朱敦儒

万事从来风过耳，何用不著心里。

——陈憺

这个世界上没有那么多的人在乎你，只有你自己在乎自己，所以要学会温柔地对待自己。

——摘自网络

今天不怦然心动的人，下个月也很难收获心动。

——摘自网络

我们永远都不知道明天和来世哪个先到，生死是难以预料的，所以我们要过好每一天。

——摘自网络

没有收拾残局的能力，就不要放纵自己善变的情绪。

——摘自网络

漫漫长途，终有回转；余味苦涩，终有回甘。

——摘自网络

不要因为别人的一句话，而夺走你今天的快乐。生气，就好像自己喝药，而去指望别人痛苦。

——摘自网络

情绪稳定的人，本质上没有一个是弱者。

——摘自网络

自洽

人生到处都是这样的状况：必须忍受的东西很多，可以享受的东西很少。　　——约翰逊

在任何不幸中都隐藏着幸福，我们只是不知道哪儿有好事，哪儿有坏事。　　——格奥尔吉乌

人生不过是一个不断失掉我们心爱的人和事的漫长过程。　　——雨果

人生并不像火车要通过每个站似的经过每一个生活的阶段，人生总是直向前行走，从不留下什么。　　——刘易斯

在消除了匮乏的痛苦之后，清茶淡饭与丰盛的宴席，带来的快感是相同的。　　——伊壁鸠鲁

为了解人生有多么短暂，一个人必须走过漫长的生活道路。 ——叔本华

命运不会使我们幸福或不幸，它只提供材料和种子而已。 ——蒙田

幸福，那就是我们所寻找的绿洲，我们到相当遥远的远方找它，其实它时常在身边。 ——梅特林克

人类的幸福并不都来源于欢乐，有些则来自摆脱痛苦后的安宁。 ——德莱顿

只有智者视人生如节日。 ——爱默生

生命中的挑战并不是要让你陷于困顿，而是要帮助你发现自我。 ——约翰森·里根

幸福的大秘诀是：与其使外界的事物适应自己，不如使自己去适应外界的事物。 ——海普

一个人永远不会像他所想象的那样不幸，也不会像他所希望的那样幸福。 ——拉罗什富科

每天都愉快地生活，不要等到日子过去了才找到它们的可爱之点，也不要把所有特别合意的希望都放在未来。 ——居里夫人

内心的平静确是一件珍宝，简直就是欢乐本身。　　——歌德

我学到了寻求幸福的方法：限制自己的欲望，而
不是设法满足他们。　　——弥尔顿

幸福生活在很大程度上必然是恬静的生活，因为
真正的快乐只能存在于恬静的气氛中。　　——罗素

命运并不是来自某处，而是在自己的心田里成长。　　——海涅

人生是痛苦的，而两个人之间的唯一差异，只在
各自品尝痛苦程度的差异而已。　　——萧伯纳

人生好比两瓶必须要喝的啤酒，一瓶是甜蜜的，
一瓶是酸苦的，先喝了甜蜜的，其后必然是酸
苦的。　　——萧伯纳

幸福的诀窍，并不在于努力得到快乐，而是在努
力中发掘快乐。　　——纪德

我无法驾驭我的命运，只能与它合作，从而在某
种程度上使它朝我引导的方向发展。我不是我心
灵的船长，只是它吵吵嚷嚷的乘客。　　——赫胥黎

书籍使我变成了一个幸福的人，使我的生活变成
轻快而舒适的诗，好像新生活的钟声在我的生活
鸣响了。　　——高尔基

情绪篇

一本完善无缺的生活史，就像一个完美无缺的人生一样，难以寻求。 ——卡莱尔

逆境尽管不能使人变得富有，但可以使人变得聪明。 ——托·富勒

一个伟大的人有两颗心：一颗心流血，另一颗心宽容。 ——纪伯伦

我们只能享有我们所能理解的幸福。 ——梅特林克

你能得到幸福，是因为你有了自己所喜欢的东西，而不是你有了别人认为好的东西。 ——拉劳士福古

人生是一种苦役，只有欣然服从和不愉快服从之别。 ——德富苏峰

人之所以不幸，是因为他不知道自己是幸福的，仅此而已。 ——陀思妥耶夫斯基

幸福的生活存在于心绪的宁静之中。 ——西塞罗

如果试图改变一些东西，首先应该接受许多东西。 ——萨特

我既不悲观，也不乐观，只是每天早上睁开眼睛迎接新的一天，一个人努力过下去。 ——青山七惠

许多人说忙碌是忘掉忧伤的良药，我倒是觉得安静才是化解苦痛的好方法。　　——三毛

我们一步一步走下去，踏踏实实地去走，永不抗拒生命交给我们的重负，才是一个勇者。到了蓦然回首的那一瞬间，生命必然给我们公平的答案和又一次乍喜的心情，那时的山和水，又回复了是山是水，而人生已然走过，是多么美好的一个秋天。　　——三毛

学着主宰自己的生活；即使孑然一身，也不算一个太坏的局面。不自怜、不自卑、不怨叹，一日一日来，一步一步走，那份柳暗花明的喜乐和必然的抵达，在于我们自己的修持。　　——三毛

我看世间一切有情，是有一个新陈代谢的法则，是有遗传嬗递的迹象，人恐怕也不是例外，长江后浪推前浪，一代新人换旧人，如是而已。　　——梁实秋

一个人不能找到一个去处比他自己的灵魂更为清静。　　——梁实秋

世间从不缺少辉煌的花冠，缺少的是不被花冠晕染的淡定。　　——季羡林

人生的幸福来自于自我心扉的突然洞开。　　——林清玄

情绪篇

最幸福的人就在于他们有一种天赋——自行其乐。 ——史铁生

有的人居无定所地过着安定的日子，有的人却在豪华住宅里一辈子逃亡。 ——希阿荣博堪布

塞涅卡说：愿意的人，命运领着走；不愿意的人，命运拖着走。他忽略了第三种情况：和命运结伴同行。 ——周国平

东门沽酒饮我曹，心轻万事如鸿毛。 ——李颀

心地清净方为道，退步原来是向前。 ——布袋和尚

江山风月，本无常主，闲者便是主人。 ——苏轼

山野万万里，余生路漫漫。日暮酒杯淡饭，一半一半。 ——《桃花扇》

成熟的人不问过去，睿智的人不问现在，豁达的人不问未来。 ——摘自网络

抱怨不是解决问题的方法，所有改变的起点在于接纳你自己。 ——摘自网络

现在什么都不想要了，让我开心点就好，我并不奢望任何人来治愈我，只希望在我自我治愈的时候，别再有人打扰我。 ——摘自网络

励志篇

各自努力
更高处见

自律

和自己的心进行斗争是很难堪的，但这种胜利则
标志着你是深思熟虑的人。

——德谟克利特

我从来不相信什么懒洋洋的自由，我向往的自由
是通过勤奋和努力实现的更广阔的人生，那样的
自由才是珍贵的、有价值的；我相信一万小时定
律，我从来不相信天上掉馅饼的灵感和坐等的成
就。做一个自由又自律的人，靠势必实现的决心
认真地活着。

——山本耀司

从被投进这个世界的那一刻起，就要对自己的一
切负责。

——萨特

自制是一种秩序，一种对于快乐与欲望的控制。

——柏拉图

如果你在小事上没办法约束自己，你在大的事情
上也很可能不约束自己。

——巴菲特

能命令自己的人就很快能命令别人。　　　　　——希翰

哪怕对自己的一点小小的克制，也会使人变得强而　——高尔基
有力。

求知是一条只有起点而没有终点的路。　　　　——福柯

人生在世就有学不尽的东西。　　　　　　　——塞万提斯

自我克制，不为任何心血来潮的想法所动；在任　——马可·奥勒留
何情况下都保持心情愉悦，即使生病亦不例外；
把握好性格的平衡，做到既温和又高贵；毫无怨
言地完成非做不可的事。

信用就像一面镜子，只要有了裂缝就不能像原来　——阿米尔
那样连成一片。

如果你做某事，那就把它做好。如果你不会或不　——列夫·托尔斯泰
愿做它，那最好不要去做。

一个人的后半辈子均由习惯组成，而他的习惯却　——陀思妥耶夫斯基
是在前半辈子养成的。

每天务必做一点你所不愿意做的事情。这是一条　——马克·吐温
最宝贵的准则，它可以使你养成认真尽责职而不
以为苦的习惯。

习惯是很难打破的，谁也不能把它从窗户里抛出去，只能一步一步地哄着它从楼梯上走下来。 ——马克·吐温

习惯支配着那些不善于思考的人。 ——华兹华斯

起初我们养成习惯，后来习惯造就我们。 ——王尔德

你要控制自己的情绪，否则你的情绪便控制了你。 ——大仲马

让你的恶习先你而死。 ——富兰克林

世界上有两种人，一种人虚度年华；另一种人过着有意义的生活。在第一种人的眼里，生活就是一场睡眠，如果在他看来，是睡在既温暖又柔和的床铺上，那他便十分心满意足了；在第二种人眼里，可以说，生活就是建立功绩，人就在完成这个功绩中享到自己的福。 ——别林斯基

习惯不加以抑制，不久它就会变成你生活上的必需品了。 ——奥古斯汀

人的生活方式如果仍延续一系列的旧习惯，那么，他就会成为生活的奴隶。 ——穆尼尔·纳素夫

好习惯是一个人在社交场中所能穿着的最佳服饰。 ——苏格拉底

习惯是一根大粗绳，我们每天都在捻着它，就是
无法破坏它。

——贺拉斯

习惯真是一种顽强而巨大的力量，它可以主宰人
的一生。因此，人从幼年起就应该通过教育培养
一种良好的习惯。

——培根

人应该支配习惯，而绝不能让习惯支配自己。

——奥斯特洛夫斯基

如果不想在世界上虚度一生，那就要学习一辈子。

——高尔基

一个钉子挤掉另一个钉子，习惯要由习惯来取代。

——伊拉斯谟

测量一个人的力量的大小，应看他的自制力如何。

——但丁

勇于求知的人决不至于空闲无事。

——孟德斯鸠

播种一个行动，你会收获一个习惯；播种一个习
惯，你会收获一个个性；播种一个个性，你会收
获一个命运。

——普德曼

当你开始依照习惯行事，你的进取精神就会因此
而丧失。

——乌纳穆诺

青年人应有老年人的沉着，老年人应有青年人的
精神。

——海明威

习惯就是一切，甚至在爱情中也是如此。　——沃维纳格

习惯使社会阶层自行分开，不相混杂。　——威廉·詹姆斯

登峰造极的成就源于自律。　——松下幸之助

人生须知负责任的苦处，才能知道尽责任的乐趣。　——梁启超

我的确时时解剖别人，然而更多的是更无情面地解剖我自己。　——鲁迅

倘能生存，我当然仍要学习。　——鲁迅

我们花费那么多时间，走那么远的路，只是为了成为自己。　——毕淑敏

三更灯火五更鸡，正是男儿读书时。　——颜真卿

历览前贤国与家，成由勤俭败由奢。　——李商隐

少年辛苦终身事，莫向光阴惰寸功。　——杜荀鹤

勿贪意外之财，勿饮过量之酒。　——朱柏庐

黎明即起，醒后勿粘恋。　——曾国藩

勤字功夫，第一贵早起，第二贵有恒。　——曾国藩

立志

你生而有翼，为何竟愿一生匍匐前进，形如虫蚁。　　——鲁米

走得最慢的人，只要他不丧失目标，也比漫无目的地徘徊的人走得快。　　——莱辛

立志是一件很重要的事情。工作随着志向走，成功随着工作来，这是一定的规律。立志、工作、成功，是人类活动的三大要素。立志是事业的大门，工作是登堂入室的旅程。这旅程的尽头有成功在等待着，庆祝你的努力。　　——巴斯德

我只有一个忠告给你，做你自己的主人。　　——拿破仑

如果人类不幸到目光只限于考虑当前，那么人就会不再播种，不再种植，人对什么也不准备了，从而在这尘世的享受中，人就会缺少一切。　　——伏尔泰

那些出类拔萃的人正是在生活的早期就清楚地辨明了自己的方向，并且始终如一地把他的能力对准这一目标的人。

——爱德华

有人活着却没有目标，他们在世间行走，就如同河中的一棵小草随波逐流。

——塞涅卡

如果一个人不知道他要驶向哪个码头，那么任何风都不会是顺风。

——塞涅卡

我们是羽毛未丰的小鸟，从来不曾离巢远飞，也不知道家乡之外还有什么天地。平静安宁的生活，对于一位饱尝人世辛酸的老人家来说，或许会格外觉得满意；可是对于我们，它却是愚昧的暗室、卧榻上的旅行、不敢跨越一步的负债者的牢狱。

——莎士比亚

每个人的生命中都有属于他自己的一份精华，我们要先了解自己，选定方向，认真去追求，这就叫立志。

——罗曼·罗兰

理想失去了，青春之花也便凋零了，因为理想是青春的光和热。

——罗曼·罗兰

暂时的是现实，永生的是理想。

——罗曼·罗兰

自古能成功成名的无一不是靠理想和抱负，没有一个庸才能靠人事关系而名垂青史。

——罗曼·罗兰

所有成功人士都有目标。如果一个人不知道他想 ——诺曼·文森特·皮尔
去哪里，不知道他想成为什么样的人、想做什么
样的事，他就不会成功。

如果你志在最高处，那么即使滞留在第二高处甚 ——西塞罗
至第三高处，也并不丢脸。

我们命定的目标和道路，不是享乐，也不是受 ——朗弗罗
苦，而是行动。在每个明天，都要比今天前进
一步。

当大自然剥夺了人类用四肢爬行的能力时，又给 ——高尔基
了他一根拐杖，这就是志向！

人的愿望没有止境，人的力量用之不尽。 ——高尔基

通往理想之路从来也不是轻松的。 ——彼得罗夫斯基

我从不找借口，也绝不接受借口。 ——南丁格尔

只有永远躺在泥坑里的人，才不会再掉进坑里。 ——黑格尔

使人年老的不是岁月，而是理想的失去。 ——乌尔曼

路要靠自己去走，才能越走越宽。 ——居里夫人

只有浅薄的人相信运气和机遇，强者只相信因果。 ——爱默生

励志篇

要抒写自己梦想的人，反而更应该清醒。 ——瓦雷里

你人生的起点并不是那么重要，重要的是你最后抵达了哪里。 ——巴菲特

一个没有理想和目标的人，在思想上往往偏于保守，在行动上常常想维持现状。 ——土光敏夫

伸手抓星星，即使是一无所获，也不至于满手泥土。 ——玛丽·凯·阿什

不要被教条所限，要听从自己内心的声音，去做自己想做的事。 ——乔布斯

青年时种下什么，老年时就收获什么。 ——易卜生

安逸和幸福，对我来说从来不是目的。 ——爱因斯坦

人生下来不是为了抱着锁链，而是为了展开双翼。 ——雨果

人若没有目标，很快会成为一无所有。有个低微的目标也胜似毫无目标。 ——卡莱尔

我们都活在阴沟里，但仍有人仰望星空。 ——王尔德

人只要有一种信念，有所追求，什么艰苦都能忍受，什么环境也都能适应。 ——丁玲

不是每一粒种子都能开花，但播下种子就比荒芜　——毕淑敏
的旷野强百倍。

站在半路，比走到目标更辛苦。　——证严法师

神圣的事业总是痛苦的，但是，也唯有这种痛苦　——张晓风
能把深度给予我们。

运气永远不可能持续一辈子，能帮助你持续一辈　——俞敏洪
子的东西只有你个人的能力。

丈夫志四海，我愿不知老。　——陶渊明

慷慨丈夫志，可以曜锋铓。　——孟郊

男儿出门志，不独为谋身。　——杜荀鹤

要为天下奇男子，须历人间万里程。　——冯梦龙

死犹未肯输心去，贫亦岂能奈我何！　——黄宗羲

好事尽从难处得，少年无向易中轻。　——李咸用

男儿不展风云志，空负天生八尺躯。　——冯梦龙

腹中贮书一万卷，不肯低头在草莽。　——李颀

信心

所谓信念就是根据自我暗示，在潜意识中被宣布 ——拿破仑
或反复指点所产生的一种精神状态。

人多不足以依赖，要生存只有靠自己。 ——拿破仑

信念的力量是神奇的，它可以使千千万万的老弱 ——马克·吐温
信徒和衰弱的年轻人毫不迟疑、毫无怨言地从事
那种艰苦不堪的长途跋涉，毫不懊悔地忍受因此
而来的痛苦。

以利益为主的阵营总是会动摇的，但以信念为主 ——巴尔扎克
的是分化不了的。

信仰决不是知识，而是使知识有效的意志决断。 ——费希特

信仰会是而且会永远是人类最后的希望之锚，人类即使达到了最高的尘世幸福，这个信仰也是不能缺少的。　　　　　　　　　　　　——威廉·魏特林

聪明人说，只有人们自愿做的事才做得好。　　——车尔尼雪夫斯基

深窥自己的心，而后发觉一切的奇迹在你自己。　——培根

我力量的真正源泉，是一种暗中的、永不变更的对未来的信心。甚至不只是信心，而是一种确信。　　　　　　　　　　　　　　　——杜伽尔

你有信仰就年轻，疑惑就年老；有自信就年轻，畏惧就年老；有希望就年轻，绝望就年老；岁月使你皮肤起皱，但是失去了热忱，就损伤了灵魂。　　　　　　　　　　　　　　——卡耐基

思想会有反复，信念坚定不移。　　　　　——歌德

信仰和信念，在得意时能使人明智而坚定，失意时能给人无上的安慰，使人产生美好的希望。　　　　　　　　　　　　　　　　——歌德

信念是由一种愿望产生的，因为愿意相信才会相信，希望相信才会相信，有一种利益所在才会相信。　　　　　　　　　　　　　——斯特林堡

要有信仰，所以我不怎么痛苦，我一想到自己的使命，就不怕生活了。　　　　　　——契诃夫

励志篇

我觉得人都应有信仰，或者都应当去追求信仰，不然，他的生活就空洞了。 ——契诃夫

如果信念的热力不能使心灵感到温暖，那还谈得上什么幸福？ ——冈察洛夫

真正的信仰是建立在岩石上的，而其他的一切都颠簸在时间的波浪上。 ——培根

勇敢和必胜的信念常使战斗得以胜利结束。 ——恩格斯

信仰，是事业的千斤顶，失去了它，就失去了人生前进的精神支柱。 ——亚米契斯

信念是鸟，它在黎明仍然黑暗之际，感觉到了光明，唱出了歌。 ——泰戈尔

信念，你拿它没办法，但是没有它你什么也做不成。 ——巴特勒

勇敢者是到处有路可走的。 ——陀思妥耶夫斯基

喷泉的高度不会超过它的源头。一个人的事业也是这样，他的成就决不会超过自己的信念。 ——林肯

我的梦想，值得我本人去争取，我今天的生活，绝不是我昨天生活的冷淡抄袭。 ——司汤达

在荆棘道路上，唯有信念和忍耐才能开辟出康庄大道。　　　　　　　　——松下幸之助

信仰不是逢场作戏，不是作为形式上的信仰，而是生平一贯地作为精神支柱的信仰。　　——池田大作

踏上人生的旅途吧。前途很远，也很暗，然而不要怕。不怕的人的面前才有路。　　　——鲁迅

我有我的爱，有我的恨，有我的欢乐，也有我的痛苦。但是我并没有失去我的信仰，对生活的信仰。　　　　　　　　　　　　——巴金

随着信念的指示做事情，事无论大小，在我都会感到喜悦。　　　　　　　　　　——巴金

在科学的迷茫之处，在命运的混沌之点，人唯有乞灵于自己的精神。　　　　　　——史铁生

戏马台南追两谢，驰射，风流犹拍古人肩。　——黄庭坚

鲸饮未吞海，剑气已横秋。　　　　　　——辛弃疾

不恨古人吾不见，恨古人不见吾狂耳。　　——辛弃疾

旁观拍手笑疏狂。疏又何妨，狂又何妨？　——刘克庄

上进

要活下去总得有点儿可以寄托的东西。住在乡下 ——契诃夫
只是内在劳动，而精神却在睡觉。

聪明人制造的机会比他找到的多。 ——培根

最能干的人并不是那些等待机会的，而是运用机 ——卓宾
会、攫取机会、征服机会，以机会为奴仆的人。

悲观者永远正确，而乐观者永远前行。 ——苏格拉底

人类假如不能利用机会，机会就会随着时光的 ——乔治·爱利渥特
波浪流向茫茫的大海里去，而变成不会孵化的
蛋了。

不停顿地走向一个目标，这就是成功的秘诀。 ——巴甫洛夫

我总是试图将每一次灾难转化为机会。 ——洛克菲勒

每一发奋努力的背后，必有加倍的赏赐。 ——詹姆斯

许多人对待机会一如孩童在海滨那样：他们让小 ——托马斯·莫尔
手握满了沙子，然后让沙粒掉下，一粒接一粒，
直到全部落光。

去生活，去犯错，去跌倒，去胜利，去用生命再 ——乔伊斯
创生命。

凡是满足一切、不想再把好的变成更好的人，会 ——阿·托尔斯泰
使一切都失掉。

如果这世界上真有奇迹，那只是努力的另一个名字。 ——尼采

我怎样才能最顺当地上山？——别去犹豫，只顾 ——尼采
登攀！

缺乏进取精神的民族意味着堕落。唯有开拓和竞 ——怀特海
争，才能立于不败之地。

要永远尽你所能，永远不要气馁，永远不要小看 ——尼克松
自己。

高山的顶峰不是一夜之间就能到达的。当他人还 ——朗费罗
在夜晚梦乡的时候，勇敢无畏的爬山者仍在继续
攀登。

世界上的事没有绝对成功，只有不断地进取。 ——斯威夫特

无愧于有理性的人的生活，必须永远在进取中度过。 ——塞缪尔·约翰

并非所有的人都能成功，勇于进取者往往要冒失败的风险。 ——托·斯摩莱特

游手好闲的学习并不比学习游手好闲好。 ——约翰·贝勒斯

要完成目的，与其作长久的忍耐，不如下异乎寻常的苦功容易些。 ——布留伊艾尔

对乐于苦斗的人来说，苦斗不是憾事，而是乐事。 ——托马斯

凡事皆需尽力而为，半途而废者永无成就。 ——莎士比亚

一个人的好奇心同他所受的教育是成比例的。 ——卢梭

一个人几乎可在任何他怀有无限热忱的事情上成功。 ——查尔斯·史考伯

每一点滴的进展都是缓慢而艰巨的，一个人一次只能着手解决一项有限的目标。 ——贝弗里奇

懒惰像生锈一样，比操劳更能消耗身体；经常用的钥匙，总是亮闪闪的。 ——富兰克林

安逸是精神上的卑劣。

——列夫·托尔斯泰

梯子上的横挡从来不是用来休息的，只是为了在一只脚迈向更高一格时，另一只脚可以落一下脚。

——赫胥黎

没有争取是一劳永逸地完成的，争取是一种每天重复不断的行动，要一天又一天地坚持，不然就会消失。

——罗曼·罗兰

人生来是为行动的，就像火光总向上升腾，石头总往下落一样。对人来说，无行动，就等于他并不存在。

——伏尔泰

行动不一定每次都带来幸运，但坐而不行，一定无任何幸运可言。

——狄斯里犁

什么是失败？无非是迈向更好境界的第一步。

——温德尔·菲利普斯

一件事情，一旦着手，不达目的，决不罢休。

——莎士比亚

胜利者不一定是跑得最快的人，而是最能耐久的人。

——富兰克林

励志篇

向消沉宣战，以坚忍不拔的精神去迎接不可避免的事。

——杜伽尔

我可以接受失败，但绝对不能接受未奋斗过的自己。　　——宫崎骏

我以为人类为向上，即发展起见，应该活动，活动而有若干失错，也不要紧。唯独半死半生的苟活，是全盘失错的。因为他挂了生活的招牌，其实却引人到死路上去！　　——鲁迅

背着苦恼的命运，和自然奋斗。　　——鲁迅

哪里有天才，我是把别人喝咖啡的工夫都用在了工作上。　　——鲁迅

一个人实实在在的才能，唯有自己可以知道，他的前途也只有自己可以隐约测定。自己知道了，试验了，有功效了，有希望了，接着只有三个字：向前走！不自安于现在的人，必要向前走！　　——冰心

成功的花。人们只惊羡她现时的明艳！然而当初她的芽儿，浸透了奋斗的泪泉，洒遍了牺牲的血雨。　　——冰心

才华是刀刃，辛苦是磨刀石，很锋利的刀刃，若日久不用石磨，也会生锈，成为废物。　　——老舍

追悔不如更新。　　——老舍

人生就像爬坡，要一步一步来。　　——丁玲

所谓上进，并不指求天天有更高的职位与名利，　　——钱穆
而是不断地完成充实自我。

有时候，最艰难、最痛苦的事情是做决定。一旦　　——周国平
做出，便只要硬着头皮执行就可以了。

世上许多事，只要肯动手做，就并不难。万事开　　——周国平
头难，难就难在人皆有懒惰之心，因为怕麻烦而
不去开这个头，久而久之，便真觉得事情太难而
自己太无能了。于是，以懒惰开始，以怯懦告
终，懒汉终于变成了弱者。

画凌烟，上甘泉。自古功名属少年。　　——陆游

我欲穿花寻路，直入白云深处，浩气展虹霓。　　——黄庭坚

天下事无不可为，但在人自强如何耳。　　——朱熹

人生之败，非傲即惰，二者必居其一，所以勤则　　——曾国藩
百弊皆除。

难得来这个世上走一回，努力才能够扭转你的人生。　　——摘自网络

我生来就是高山而非溪流，我欲于群峰之巅俯视　　——张桂梅所创办的
平庸的沟壑。　　　　　　　　　　　　　　　　　　华坪女中校训
我生来就是人杰而非草芥，我站在伟人之肩藐视
卑微的懦夫。

励志篇

229

惜时

·❉·

时间带走一切，长年累月会把你的名字、外貌、 ——柏拉图
性格、命运都改变。

最长的莫过于时间，因为它永远无穷尽。最短的 ——伏尔泰
也莫过于时间，因为我们所有的计划都来不及
完成。

你能在浪费时间中获得乐趣，就不是浪费时间。 ——罗素

时间应分配得精密，使每年、每月、每天和每小 ——笛卡尔
时都有它的特殊任务。

不要为已消尽之年华叹息，必须正视匆匆溜走的 ——布莱希特
时光。

别虚掷你的光阴，别去听无聊的话，别试图补救
无望的过失，别在愚昧、平庸和低俗的事上消磨
你的生命，这些东西都是我们这个时代病态的目
标和虚假的理想。认真生活吧，过属于你自己的
生活，点滴都别浪费。 ——王尔德

时间是所有事物中最难下分解和似是而非的。过
去的已消逝，将来还未来临，而现在则是我们试
图划分的时候，马上成为过去，像电光一闪，存
在仅一刹那间。 ——科尔顿

时间一点一滴凋谢，犹如蜡烛慢慢燃尽。 ——叶芝

时间能使隐匿的东西显露，也能使灿烂夺目的东
西黯然无光。 ——贺拉斯

时间治好了忧伤和争执，因为我们在变化，我们
不会再是同一个人。 ——帕斯卡尔

时间和机会对他都无济于事，假如他自己无所
事事。 ——埃宁

时间是筛子，最终会淘去一切历史的陈渣。 ——维特克

时间是一笔贷款，即便再守信用的借贷者也还
不起。 ——塞涅卡

励志篇

231

浪费时间叫虚度，利用时间叫生活。　　　　　　——爱·扬格

我如果无所事事地白过了一天，就会觉得自己好像犯了盗窃罪。　　　　　　　　　　　　——拿破仑

一个人越知道时间的价值，越感觉失时的痛苦！　　——但丁

时间会刺破青春表面的彩饰，会在美人的额头上掘深沟浅槽，会吃掉稀世之珍！天生丽质，什么都逃不过他那横扫的镰刀。　　　　　　——莎士比亚

抛弃时间的人，时间也抛弃他。　　　　　——莎士比亚

时间的无声的脚步，是不会因为我们有许多事情需要处理而稍停片刻的。　　　　　　　　——莎士比亚

于一个新来的客人却伸开了两臂，飞也似的过去抱住他。欢迎是永远含笑的，告别总是带着叹息。　　　　　　　　　　　　　——莎士比亚

当你没有注意做什么时，时间就飞走了。　　——丘吉尔

时间是我们情感的良医。　　　　　　　　——蒙田

昨天是一张过期的支票，明天是一张期票，而今天则是你唯一拥有的现金——所以应当聪明地把握。　　　　　　　　　　　　　——李昂斯

当许多人在一条路上徘徊不前时，他们不得不让路，让那些珍惜时间的人赶到他们前面去。 ——苏格拉底

人不能两次踏进同一条河流。 ——赫拉克利特

时间能够安慰我们，时间带来无数的改变，它使新的人物、新的衣装、新的道路侵入我们的眼帘，新的喉音袭入我们的耳鼓，于是它替我们拭干新流下来的眼泪。 ——爱默生

时间像奔腾澎湃的急湍，它一去无还，毫不留恋。 ——塞万提斯

光阴似箭，无以回转，只是像风吹去一般逝去无迹。 ——维克

除了聪明没有别的财产的人，时间是唯一的资本。 ——巴尔扎克

精力旺盛的人与疲惫懒散的人在生命的二分之一时间中是不相上下的，因为所有的人在睡着时都是一样的。 ——亚里士多德

你要想办法统筹自己的时间，这样就可以控制自己的生活了。 ——大卫·科特莱尔

"现在"是一切过去的必然结果，也是一切未来的必然起因。 ——英格索尔

励志篇

时间流逝，像平静的河水，没有一道裂痕，没有一道皱纹，从容不迫，好像永生永世都应该如此。

——罗曼·罗兰

平庸的人关心怎样耗费时间，有才能的人竭力利用时间。

——叔本华

时间不能收藏，只有把每一天当作生命的最后一天的人才真正懂得其价值。

——高尔基

时间是最公平合理的，它从不多给谁一分，勤劳者能叫时间留下串串果实，懒惰者只能让它留给他们一头白发，两手空空。

——高尔基

时间是伟大的作者，她能写出未来的结局。

——卓别林

年光消逝，它扫荡一切确实的事物。没有一件东西能够不为时间的运动所摇撼，黄金、爱情、往事，都支撑不住。

——菲列伯·苏卜

未来是用现在换来的。

——约翰逊

如果有什么需要明天做的事，最好现在就开始。

——富兰克林

切勿坐耗时间，须知每时每刻都有无穷的利息；日计不足，岁计有余。

——富兰克林

使时间短促的是活动，使时间漫长难忍的是安逸。　　——歌德

时间是最伟大的医生，它会医治人们的创伤。　　——塞万提斯

时间令人烦恼之处正是在于它不能不用。结果，人们随兴之所至，乱花滥用，用来干五花八门的荒唐事。　　——格拉宁

时间在你不大注意时，却把你的心变硬了，变钝了，变得连你自己也不大认识自己了。　　——沈从文

没有人不爱惜他的生命，但很少人珍视他的时间。　　——梁实秋

但是太阳，它每时每刻都是夕阳也都是旭日。当它熄灭着走下山去收尽苍凉残照之际，正是它在另一面燃烧着爬上山巅布散烈烈朝晖之时。　　——史铁生

白发悲花落，青云羡鸟飞。　　——岑参

青春虚度无所成，白首衔悲亦何及。　　——权德舆

青春留不住，白发自然生。　　——杜牧

青春背我堂堂去，白发欺人故故生。　　——薛能

励志篇

成长

心软和不好意思，只会杀死自己。理性的薄情和　——毛姆
无情才是生存利器。

所谓自由，不是随心而欲，而是自我主宰。　　——康德

各人有各人理想的乐园，有自己所乐于安享的世　——罗曼·罗兰
界，朝自己所乐于追求的方向去追求，就是你一
生的道路，不必抱怨环境，也无须艳羡别人。

成长需要学会面对自己的弱点和缺点，不断地完　——尼采
善自己和改进自己。

成长不只是年龄的增长，更是心态的变化。　　——王尔德

尽管被时间消磨，被命运削弱，依旧去奋斗、探　——丁尼生
索、寻求，而不屈服。

灵魂的生长是提升人性最重要的一环。我深信内在的灵魂是最需要细心呵护的。 ——伯纳德·约翰逊

假设你担心年轻的一代会变成什么，答案是他们会继续成长，并且开始担忧更年轻的一代。 ——罗杰·艾伦

唯有在睿智而完全的生活中，灵魂才会成长。 ——康普顿

成长的过程就像是走在漫长的荒野之路上，需要一个坚定不移的目标来指导自己前进。 ——杰克·伦敦

我不能给自己或是别人提供那种日常生活中的普通的快乐。这种快乐对我来说毫无意义，我也不能围绕它来安排自己的生活。 ——福柯

应当细心地观察，为的是理解；应当努力地理解，为的是行动。 ——罗曼·罗兰

不愿意长大的人，会变得愈加渺小。 ——亨利·艾米尔

天下最悲哀的人莫过于本身没有足以炫耀的优点，却又将其可怜的自卑感，以令人生厌的自大、自夸来掩饰。 ——卡耐基

励志篇

我们会在意见相同的人群中得到抚慰——而在意见不同的人群中得到成长。 ——法兰克·克拉克

成长是一种无止境的探索和挑战，只有不断地突破自己，才能不断地成长。

——阿迪·达斯勒

任何事情都没有快速的捷径。一次一件事情，所有事情连缀不断。成长快速，衰退也快速；唯有缓慢成长，才能持久。

——乔·吉·霍兰

大量的才能失落在尘世间，只因为缺少一点儿勇气。

——西德尼·史密斯

成长不是一种自然而然的现象，而是需要经过长时间的努力和付出才能实现的。

——歌德

世界上有成就的人都是能放开眼光找他们所需要的境遇的人，要是找不着，就自己创造。

——萧伯纳

成长的本质是明确自己的目标，并为之不断地努力奋斗。

——富兰克林

你只有不停地奔跑，才能留在原地。

——刘易斯·卡罗尔

成长需要敢于冒险和探索未知领域，只有敢于冒险才能发现更多的可能性。

——乔布斯

人总是因为自己脆弱的内在世界被人窥视了，被人攻击了，才会过度防御，急着向他人展示自己的优点。

——加藤谛三

其实即使天才，在生下来的时候的第一声啼哭，也和平常的儿童的一样，决不会就是一首好诗。 ——鲁迅

人事就是这样子，自己造囚笼，关着自己。自己也做上帝，自己来崇拜。生存真是一种可怜的事情。 ——沈从文

人类往往少年老成，青年迷茫，中年喜欢将别人的成就与自己相比较，因而觉得受挫，好不容易活到老年仍是一个没成长的笨孩子。我们一直粗糙地活着，而人的一生便也这样过去了。 ——三毛

聪明，不是不犯错误，而是同样的错误不犯两次。 ——汪国真

人在年轻的时候，觉得到处都是人，别人的事就是你的事。到了中年以后，才觉得世界上除了家人，已经一无所有了。 ——王小波

我们对这个世界，知道得还实在太少。无数的未知包围着我们，才使人生保留迸发的乐趣。当哪一天，世界上的一切都能明确解释了，这个世界也就变得十分无聊。人生，就会成为一种简单的轨迹，一种沉闷的重复。 ——余秋雨

鸿鸟只思羽翼齐，点翅飞腾千万里。 ——古代民歌《十二时》

少年恃险若平地，独倚长剑凌清秋。 ——顾况

励志篇

239

青光好去莫惆怅，必斩长鲸须少壮。　　——李涉

于道各努力，千里自同风。　　——周行己

业无高卑志当坚，男儿有求安得闲。　　——张耒

没人在乎你为什么在深夜里痛哭，外人只看结果，过程只有靠自己独撑。　　——摘自网络

当有人侮辱你的时候，要记得，狮子不会因为听到狗叫而回头。　　——摘自网络

健身和读书，是世界上成本最低的升值方式。　　——摘自网络

不管你承认不承认，人确实是在经历了一些事情之后，就悄悄地换了一种性格。　　——摘自网络

人最不成熟的行为就是，心情一好，就原谅一切。　　——摘自网络

成功

我所见过成功的人，都满怀希望、心情愉快。他
们总是微笑地面对工作，和一般人一样地接受改
变与机会。

——金斯利

成功是大胆之子。

——迪斯累里

真正成功的人，本质上流着叛逆的血。

——奥顿

成功的秘诀，是在养成迅速去做的习惯，要趁着
潮水涨得最高的一刹那，不但没有阻力，而且能
帮助你迅速地成功。

——劳伦斯

一个人要有大的成功，就不得不有点谋略。

——德莱塞

成功孕育着成功，这个道理完全正确。一次小的
成功可以成为巨大成功的基石。

——马尔兹

高智商和成功并非一回事，我们时常碰到无所作为的高智商者和大有作为的智商平平者。 ——雷蒙·克罗克

一分钟的成功可以抵偿多年的失败。 ——勃朗宁

哲学家们告诉我们，做我们所喜欢的，然后成功就会随之而来。 ——巴菲特

成功者与失败者之间的区别，常在于成功者能由错误中获益，并以不同的方式再尝试。 ——卡耐基

有很多人是用青春的幸福作为成功的代价的。 ——莫扎特

这世界除了心理上的失败，实际上并不存在什么失败，只要不是一败涂地，你一定会取得胜利的。 ——奥斯丁

每一个要在社会得到地位的人，一定要经历巨大的困难与努力的时期，成功是一点一滴地积累起来的。 ——梵高

人生求胜的秘诀，只有那些失败过的人才了若指掌。 ——柯林斯

一个人精神上失败了，那才是一败涂地了。 ——德莱塞

成功要大肆庆祝，失败也不必耿耿于怀。不幸失　——山姆·沃尔顿
败，也不妨穿上一身戏装，唱一首歌曲，其他人
也会跟着你一起演唱。要随时随地设计出自己的
新噱头。所有这一切将比你想象的更重要、更有
趣，而且会迷惑对手。

不必留恋过去的成功，不应计较眼前的失败，不　——亨利·福特
要畏惧未来的艰难，失败不过是给人们重新开始
和更聪明行事的机会。一次老老实实的失败并不
是耻辱。

一个只顾自己的人不足以成大器。　——罗斯金

在人生的早期，经历一些失败，有着极大的实际　——赫胥黎
好处。

对于不屈不挠的人来说，没有失败这回事。　——俾斯麦

人们最出色的工作往往在处于逆境的情况下做出。　——贝弗里奇
思想上的压力，甚至肉体上的痛苦，都可能成为精
神上的兴奋剂。

成功只有一种——按自己的意愿过一生。　——马洛

聪明人之所以不会成功，是由于他们缺乏坚韧的　——牛顿
毅力。

励志篇

要成就一项事业，必须花掉毕生的时间。 ——列文虎克

成功与失败的分水岭，可以用这五个字来表达——我没有时间。 ——富兰克林

想别人不敢想的，你已经成功了一半。做别人不敢做的，你就会成功另一半。 ——爱因斯坦

最有希望的成功者，并不是才干出众的人，而是那些善于利用每一时机去发掘开拓的人。 ——苏格拉底

失败实在不是什么稀罕事——最优秀的人也会失败。稀罕的是从失败中学到东西。 ——海厄特

事实上，即使是有丰功伟绩的人，也不敢说自己不曾失败过。正因为有过多次的失败，才会得到多次的经验；经过几次教训后，才能够成熟起来。如果不肯承认失败，就永远不会进步。要在失败面前强调客观原因，抱怨他人，只会使自己一再地处在失败和不幸的旋涡之中。 ——松下幸之助

凡有大成功的人，都是绝顶聪明而肯作笨功夫的人。 ——胡适

今日不能成功的，明日明年可以成功；前人失败的，后人可以继续成功。尽一份力便有一份的满意；无穷的进境上，步步都可以给努力的人充分的愉快。 ——胡适

人生的路上本是布满荆棘，但是，成功者用希望之光照亮他的旅途，用忍耐的火烧净了那些荆棘。 ——茅盾

不干，固然遇不着失败，也绝对遇不着成功。 ——邹韬奋

修养的花儿在寂静中开过去了，成功的果子便要在光明里结实。 ——冰心

成功的欲望和失败的恐惧，两者是差不多的东西。有了这个聪明的意念，成功的欲望就不会太热切了。 ——林语堂

失败者，往往是热度只有五分钟的人；成功者，往往是坚持最后五分钟的人。 ——星云大师

什么是成功的人？就是今天比昨天更有智慧的人，今天比昨天更慈悲的人，今天比昨天更懂得爱的人，今天比昨天更懂得宽容的人。 ——林清玄

我不去想，是否能够成功。既然选择了远方，便只顾风雨兼程……我不去想，未来是平坦还是泥泞。只要热爱生命，一切，都在意料之中。 ——汪国真

成功的人很少会讥笑失败的人，因为在成功之前他也失败过。无所事事的人才喜欢嘲笑那些失败的人，因为他从来不懂得什么叫成功。 ——汪国真

励志篇

245

成功是优点的发挥，失败是缺点的积累。 ——牛根生

人生最大的成就是从失败中站起来。 ——证严法师

最凄凉的不是失败者的哀鸣，而是成功者的悲叹。在失败者心目中，人间尚有值得追求的东西——成功。但获得成功仍然悲观的人，他的一切幻想都破灭了，他已经无可追求。失败者仅仅悲叹自己的身世；成功者若悲叹，必是悲叹整个人生。 ——周国平

在这世界上，谁真正严肃地生活着？难道是那些从不反省人生的浅薄之辈，哪怕他们像钟表一样循规蹈矩，像石像一样不苟言笑，哪怕他们是良民、忠臣、孝子、好丈夫、好父亲？在我看来，对自己的生命不负责任，就无严肃可言，平庸就是最大的不严肃。 ——周国平

他日卧龙终得雨，今朝放鹤且冲天。 ——刘禹锡

榜入金门去，名从玉案来。 ——顾非熊

明年此日青云去，却笑人间举子忙。 ——辛弃疾

丹墀对策三千字，金榜题名五色春。 ——王冕

早成者未必有成，晚成者未必不达。 ——冯梦龙

阅读

❧

喜欢读书，就等于把生活中寂寞的辰光换成巨大享受的时刻。 ——孟德斯鸠

读书对于我来说是驱散生活中的不愉快的最好手段，没有一种苦恼是读书所不能驱散的。 ——孟德斯鸠

经验丰富的人读书用两只眼睛，一只眼睛看到纸面上的话，另一只眼睛看到纸的背面。 ——歌德

书籍——通过心灵观察世界的窗口。住宅里没有书，犹如房间没有窗户。 ——威尔逊

读书是我唯一的娱乐。我从不把时间浪费于酒店、赌博或任何一种恶劣的游戏；而我对于事业的勤劳，乃是按照必要，不厌不倦。 ——富兰克林

想成为最优秀的人，就要向最优秀的人学习。 ——巴菲特

读书之于心灵，犹如运动之于身体。 ——理查德·斯蒂尔

学习对于头脑，如同食物对于身体一样不可缺少。 ——西塞罗

人的天赋有如野生的花草，它们需要学问的修剪。 ——培根

书籍是在时代的波涛中航行的思想之船，它小心
翼翼地把珍贵的货物运送给一代又一代。 ——培根

书籍好比食品，有些只需品尝，有些可以吞咽，
只有少数需要仔细咀嚼，慢慢品味。 ——培根

当我们第一遍读一本好书的时候，我们仿佛觉得
找到了一个朋友；当我们再一次读这本好书的时
候，仿佛又和老朋友重逢。 ——伏尔泰

我们需要的书，应该是一把能击破我们心中冰海
的利斧。 ——卡夫卡

一个爱书的人，他必定不至于缺少一个忠实的朋
友、一个良好的老师、一个可爱的伴侣、一个温
情的安慰者。 ——巴罗

不读书的人，思想就会停止。 ——狄德罗

书本是将圣贤豪杰的心照射到我们心里的忠实镜子。 ——吉本

每一本书都是一个用黑字印在白纸上的灵魂，只要我的眼睛、我的理智接触了它，它就活起来了。 ——高尔基

把一页书好好地消化，胜过匆忙地阅读一本书。 ——麦考莱

一本新书像一艘船，带领我们从狭隘的地方，驶向生活的无垠广阔的海洋。 ——海轮·凯勒

书没有道德与不道德之分，只有写得好与坏之分。仅此而已。 ——王尔德

读书给人以乐趣，给人以光彩，给人以才干。 ——培根

最有益的不是博览群书，而是选择有用的书阅读。 ——第欧根尼

世上只有一样东西是珍宝，那就是知识；世上只有一样东西是罪恶，那就是无知。 ——苏格拉底

真正的知识每增加一点，都是人的力量的加强。 ——霍勒斯·曼

求知的欲望像求财富的欲望一样，得到的越多越渴望增加。 ——斯特恩

精神上的各种缺陷，都可以通过求知来改善——正如身体上的缺陷，可以通过适应的运动来改善一样。

——培根

从无知到有知总不是一蹴而就的，而需要经过一个朦胧的过程，甚至像从黑夜进入白昼要经过拂晓一样。

——柯勒律治

在智慧方面，快乐地加入旅行的人很多，而能登峰造极的人是很少的。

——夸美纽斯

生活的全部意义在于无穷地探索尚未知道的东西，在于不断地增加更多的知识。

——左拉

如同拨一下木头就能使奄奄一息的火苗升腾起大火一样，一个愚笨的脑袋会因为学习而产生变化。

——朗费罗

对待知识就要像对待粮食一样，我们活着不是为了知识，正如活着不是为了吃饭一样。

——罗斯金

读死书会变成书呆子，甚至于成为书橱。

——鲁迅

人是活的，书是死的。活人读死书，可以把书读活。死书读活人，可以把人读死。

——郭沫若

读书是学习，摘抄是整理，写作是创造。

——吴晗

读书，永远不恨其晚。晚比永远不读强。 ——梁实秋

学习的东西，一回见生，二回见熟，三回就成为朋友。 ——高士其

朋友不是书，书却是朋友。朋友可能背叛你，书却永远忠实。 ——汪国真

阅读的最大理由是想摆脱平庸，早一天就多一份人生的精彩；迟一天就多一天平庸的困扰。 ——余秋雨

书的功能不是一吃即灵的特效药。书是雨露、阳光和好的空气，它给人带来的益处是悄悄来临的。 ——迟子建

气质，读书唯一的用途是增加气质，世上确有气质这回事。 ——亦舒

贫者因书富，富者因书贵。 ——王安石

读书之乐乐陶陶，起弄明月霜天高。 ——翁森

贫寒更须读书，富贵不忘稼穑。 ——王永彬

养心莫若寡欲，至乐无如读书。。 ——郑成功

哲理篇

人是一棵
会思考的芦苇

自我

———— ❧ ————

一个人有两个我，一个在黑暗里醒着，一个在光
明中睡着。

———纪伯伦

我是烈火，我也是枯枝，一部分的我消耗了另一
部分的我。

———纪伯伦

人只不过是一棵芦苇，是自然界最脆弱的东西，
但这是一棵会思考的芦苇。

———帕斯卡尔

聪明的人只要能认识自己，便什么也不会失去。

———尼采

不能听命于自己者，就要受命于他人。

———尼采

人们有时可以支配自己的命运，若我们受制于
人，那错处不在我们的命运，而在我们自己。

———莎士比亚

肉体、灵魂、思想。感觉属于肉体，冲动属于灵魂，审慎的判断属于心灵。

——马可·奥勒留

你是由三种东西组成的，一个小小的身体，一点微弱的呼吸（生命），还有理智。前两种东西属于你是仅就照管它们是你的义务而言；而只有第三种东西才真正是你的。

——马可·奥勒留

"自己"这个东西是看不见的，撞上一些别的什么，反弹回来，我们才会了解"自己"。所以，跟很强的东西、可怕的东西、水准很高的东西相碰撞，然后我们才知道"自己"是什么，这才是自我。

——山本耀司

"时尚"不会让你变得性感，你的"经历"和"想象力"才能让你变得性感。而要想得到这些性感没有别的捷径，唯一的方法就是你得好好生活。

——山本耀司

母亲说："你就是妈妈人生的全部。"听听，这种话说出来多么可怕！女人不该说的话她全说了！

——山本耀司

我们欣赏那些了解自己局限性的人，他们知道在什么时候该停下来。

——山本耀司

把它想成是一颗苹果。果皮和果核最为重要。那发亮、虚张声势和郁闷的苹果外皮和最深处的果核亲密地连接在一起。而白色新鲜的部分就像一个人的职业、年龄和知识，那些一点也不重要。

——山本耀司

哲理篇

就做自己吧，你很好，然后开始模仿你爱的事物，去模仿，去效仿，去复制，去"抄袭"，而最后，你会找到自己。

——山本耀司

我不愿只是轻松地融入，成为面目模糊的那一个，我不愿只能被时代操控，不愿只能变得八面玲珑，友好随和。

——山本耀司

自爱是人生漫长浪漫史的开端。

——王尔德

人不光是靠他生来就拥有的一切，而是靠他从学习中所得到的一切来造就自己。

——歌德

我就是我自身的主宰。

——普劳图斯

在生活中，我不是最受欢迎的，但也不是最令人讨厌的人。我哪一种人都不属于。

——巴菲特

人应该了解自己，而了解自己也是世界上最难的课题。

——塞万提斯

每个人都是自己行为的孩子。

——塞万提斯

应该让别人的生活因为有了你的生存而更加美好。

——茨巴尔

有一天，当所有外加的东西被岁月所剥蚀时，那真正的自我会重新出现。

——安德烈·凯德

自我热爱远非缺点，这种定义是恰当的。一个懂得恰如其分地热爱自己的人，一定能恰如其分地做好其他一切事情。 ——哈利法克斯

人按照本来面目生活是最快乐的，歪曲和遮掩就势必勉强。 ——池田大作

我坚持我的不完美，它是我生命的真实本质。 ——法朗士

当我们正在为生活疲于奔命的时候，生活已经离我们而去。 ——约翰·列侬

获得平静的不二法门便有三道大关，依次是自制、自治与自清。 ——丹尼尔·戈尔曼

你要是能审判好自己，你就是一个真正的智者。 ——圣埃克苏佩里

不管我活着，还是我死去，我都是一只牛虻，快乐地飞来飞去。 ——伏尼契

我过去是，现在仍然是一个探索者，但是我不再占星问道，我开始倾听内心深处的低语。 ——赫尔曼·黑塞

在坎坷的生命里，我们要有超越自我之感觉。 ——贝纳文特

我想做一个像样的人，度过一个像样的人生；想尽量锻炼自己的肌肤，成为一个能够经受任何磨难的人。 ——青山七惠

哲理篇

我舍不得你，但是我得走。我们，和你们人不一样，不能凑合。　　——汪曾祺

视他人之疑目如盏盏鬼火，大胆去走你的夜路。　　——史铁生

我经由光阴，经由山水，经由乡村和城市，同样我也经由别人，经由一切他者以及由之引生的思绪和梦想而走成了我。那路途中的一切，有些与我擦肩而过从此天各一方，有些便永久驻进我的心魂，雕琢我，塑造我，锤炼我，融入我而成为我。　　——史铁生

要生活得漂亮，需要付出极大忍耐，一不抱怨，二不解释。绝对是个人才。　　——亦舒

独立天地间，清风洒兰雪。　　——李白

我自人间漫浪，平生事，南北西东。　　——王以宁

陶然无喜亦无忧，人生且自由。　　——张抡

自歌自舞自开怀，无拘无束无碍。　　——朱敦儒

此身天地一虚舟，何处江山不自由。　　——陈献章

人不自爱，则无所不为；过于自爱，则一无所为。　　——吕坤

理智

.❋.

人每违背一次理智，就会受到理智的一次惩罚。 ——托马斯·霍布斯

理性为感情所掌握，如同一个软弱的人落在泼辣 ——萨迪
的妇人手中。

你愿意征服一切事物吗？那么就让你自己服从理 ——塞涅卡
智吧。

人抛弃理智就要受感情的支配，脆弱的感情泛滥 ——西塞罗
不可收拾，就像一只船不小心驶入了深海，找不
到碇泊处。

当剧院失火时，理智的人和惊慌失措的人都同样 ——罗素
清楚地预见到了灾祸，不过，理智的人采取可能
减小灾祸的行动，而惊慌失措的人反而使灾祸
扩大。

行善比作恶明智；温和比暴戾安全；理智比疯狂
适宜。 ——勃朗宁

观点最终是由情绪，而不是由理智来决定的。 ——赫伯特·斯宾塞

一切利己的生活，都是非理性的、动物的生活。 ——列夫·托尔斯泰

人是理性的，因为无论做什么事情，他总能找到
理由。 ——巴菲特

完全排除理性，以及只接受理性，这是两个极端。 ——巴斯克特

理智的人面临危险，会急中生智，可以说，比平
时更聪明。 ——司汤达

要是不理智地经常口吐真言，就难免会受到迫害。 ——歌德

理性是罗盘，欲望是暴风雨。 ——波普

你匆匆忙忙嫁人就是甘冒成为不幸者的风险。 ——苏霍姆林斯基

强迫经常使热恋的人更加铁心，而从来不能叫他
们回心转意。 ——席勒

开发人类智力的矿藏，是少不了要由患难来促成的。 ——大仲马

生命的确是黑暗，除非有盼望；而一切的盼望都是盲目，除非有知识；而一切的知识都是枉然，除非有工作；而一切的工作都是空虚，除非有爱。
——纪伯伦

适当地用理智控制住爱情，有利无弊；发疯似的滥施爱情，有弊无利。
——普劳图斯

生活中最重要的事情是懂得何时抓住机会，其次便是懂得何时放弃利益。
——迪斯累里

理智的最后一步就是意识到有无数事情是它力所不及的。
——帕斯卡

一旦你学会依照自己的选择控制情感，你就踏上了一条通向"聪明才智"的道路。
——戴埃

仇恨容易掩饰，爱情难以掩饰，但最难掩饰的则是冷漠无情。
——白尔尼

人应当具有激情，但是也应当具有驾驭激情的本领。
——玻尔

理智是最高的才能，但是如果不克制感情，它就不可能获胜。
——果戈理

完全理智的心，恰如一柄全是锋刃的刀，会叫使用它的人手上流血。
——泰戈尔

哲理篇

理智要比心灵更高，思想要比感情可靠。 ——高尔基

没有理智的支配，任何事物都不会持久。 ——昆图斯

理智的人使自己适应这个世界；不理智的人却硬要世界适应自己。 ——萧伯纳

能够把感情和理智调整得适当，以致命运不能随心所欲地把人玩弄于股掌之间，这样的人是有福的。 ——莎士比亚

本能跳跃着快速前进，理智只能缓慢爬行。 ——爱·扬格

当感情支配一切的时候，理智就显得无能为力。 ——德莱顿

人的理性只需决心比命运更强，理性就是命运！ ——托马斯·曼

理智时常纠正感情过于急促的判断。 ——狄德罗

狂热者的脑袋里没有理智的地盘。 ——拿破仑

虚荣心驱使我们去做的事，比理智促使我们做的事要多。 ——拉罗什富科

我们所有的知识都开始于感性，然后进入到知性，最后以理性告终。没有比理性更高的东西了。 ——康德

我很理性。很多人比我智商更高，很多人也比我
工作时间更长、更努力，但我做事更加理性。你
必须能够控制自己，不要让情感左右你的理智。

——巴菲特

没有情感的理智，是无光彩的金块；而无理智的
情感，是无鞍镫的野马。

——郁达夫

问心的道德胜于问理的道德，所以情感的生活胜
于理智的生活。

——朱光潜

无论什么都需要付出代价，一个人，只能在彼时
彼地，做出对他最好的选择，或对或错，毋须对
任何人剖白解释。

——亦舒

要做淡定的一小撮，而不是狂热的大多数。

——周濂

永远保持理智确实是一种奢求。

——刘慈欣

惆怅东栏一株雪，人生看得几清明。

——苏轼

世事短如春梦，人情薄似秋云。

——朱敦儒

人生由来不满百，安得朝夕事隐忧。

——于谦

世事由来多缺陷，幻躯焉得免无常。

——憨山德清

哲理篇

豁达

恨也罢，爱也罢，思想、感觉、观察也罢，无非都是在领悟。 ——大卫·休谟

人们手里的金钱是保持自由的一种工具。 ——卢梭

尽管贫穷却感到满足的人是富有的，而且非常富有。而那些尽管富有却整天担心什么时候会变穷的人，才凋零得像冬天的世界。 ——莎士比亚

生命苦短，但这既不能阻止我们享受生活的乐趣，也不会使我们因其充满艰辛而庆幸其短暂。 ——沃维纳格

记住，死就是一个伟大的搬家日。 ——安徒生

我们在哭声中出世，抱怨中生活，失望中死去。 ——托·富勒

保持快乐，你就会干得好，就会更成功，更健康，对别人也就更仁慈。 ——马克斯威尔·马尔兹

年轻时谋求，到老年就充实。 ——歌德

不可能每天都是完美的。我们只能希望生活中不缺少令我们觉得完美或愉快的日子，只要有少数这样的日子，就可以使我们在辛苦与奋战中得到鼓励与安慰。 ——罗曼·罗兰

人的一生只是一刹那。所以我们要珍惜它，在世一天就要过好一天，切莫虚度了华年。 ——里克特

放纵自己的欲望是最大的祸害；谈论别人的隐私是最大的罪恶；不知自己的过失是最大的病痛。 ——亚里士多德

每天反复做的事情造就了我们，然后你会发现，优秀不是一种行为，而是一种习惯。 ——亚里士多德

其实人跟树是一样的，越是向往高处的阳光，它的根就越要伸向黑暗的地底。 ——尼采

你从来没有失去过自由，你一直是自由的，你感到不自由，是因为你自由地选择了不自由。 ——萨特

就改善你自己好了，那是你为改善世界能做的一切。 ——维特根斯坦

哲理篇

265

抗命不可能，顺命太清闲，遵命得认真，唯有乐命，乐命最是自由自在。今日的事情，尽心尽意、尽力去做了，无论成绩如何，都应该高高兴兴地上床恬睡。

——三毛

繁华与寂寞，生与死，快乐与悲伤，阳光和雨水，一切都是自然，那么便将自己也交给它吧！

——三毛

摔倒了赶快爬起来，不要欣赏你砸的那个坑。

——沈从文

生死本是一条线上的东西。生是奋斗，死是休息；生是活跃，死是睡眠。

——郭沫若

老不必叹，更不必讳。花有开有谢，树有荣有枯。

——梁实秋

世界上万事万物都有始有终，无一例外。"顺其自然"是最好的办法。

——季羡林

在人生的道路上，每一个人都是孤独的旅客。与其舒舒服服，懵懵懂懂活一辈子，倒不如品尝一点不平常的滋味，似苦而实甜。

——季羡林

走运时，要想到倒霉，不要得意得过了头；倒霉时，要想到走运，不必垂头丧气。心态始终保持平衡，情绪始终保持稳定，此亦长寿之道。

——季羡林

苦难既然把我推到了悬崖的边缘，那么就让我在悬崖边缘坐下来，顺便看看悬崖下的流岚雾霭，唱支歌给你听。

——史铁生

死是一件不必急于求成的事，死是一个必然会降临的节日。

——史铁生

潇洒是一种心态，一种精神，一种拿得起放得下的豁达，是一副饱经沧桑而又自得其乐的欢愉。

——王蒙

看透大事者超脱，看不透大事者执着。看透小事者豁达，看不透小事者计较。

——周国平

在人生中还有比成功和幸福更重要的东西，那就是凌驾于一切成败、福祸之上的豁达胸怀。

——周国平

人既然如蚂蚁一样来到世上，忽生忽死，忽聚忽散，短短数十年里，该自在就自在吧，该潇洒就潇洒吧，各自完满自己的一段生命，这就是生存的全部意义了。

——贾平凹

他强由他强，清风拂山岗。他横任他横，明月照大江。

——金庸

莫愁千里路，自有到来风。

——钱珝

人生达命岂暇愁，且饮美酒登高楼。

——李白

哲理篇

267

草色人心相与闲，是非名利有无间。 ——杜牧

不须计较苦劳心，万事原来有命。 ——朱敦儒

浮生六十度春秋，无辱无荣尽自由。 ——杨公远

晚风吹人醒，万事藏于心。我没说不公平，也没 ——摘自网络
说苦，我说我知道了。

我有金樽谁有酒，白云江上风吹柳。 ——摘自网络
狂歌痛饮千杯尽，醉到来年九月九。
人生不过二两酒，一两无奈一两愁。
都是黄泉预约客，何必计较忧与愁。

看看天山雪莲，走走大漠黄沙。 ——摘自网络
泰山顶上饮酒，西子湖畔浣纱。
蒙古草原跳舞，再访苗疆人家。
就此峰回路转，去看大理三塔。
走过青石小巷，伞下人面桃花。
此生心愿已了，生老病死由它。

人生

人就像是骰子一般，把自己投掷到人生之中去。　　——萨特

其实啊，死亡并不可怕，可怕的是畏惧死亡。　　——马可·奥勒留

我们囿于这样虚弱无力的身躯，走得辛辛苦苦，没有像样的陪伴，所以活着算不上什么福祉。看看你身后那道时间的深渊，再看看前面无尽的时光。身处这般境地，只活三天的婴孩，跟寿比三代的老者又有什么分别？　　——马可·奥勒留

有三件事人类都要经历：出生、生活和死亡。他们出生时，无知无觉；死到临头，痛不欲生；活着的时候却又怠慢了人生。　　——拉布吕耶尔

永远不失败是不可能的，除非你活得过于谨慎，这样还不如根本就没有在世上生活过，因为你从一开始就失败了。　　——J.K. 罗琳

人生是一场无休、无歇、无情的战斗，凡是要做个够得上称为人的人，都得时时刻刻向无形的敌人作战。 ——罗曼·罗兰

人生只不过是行走的影子而已，只不过是在舞台上轰动一时，终又是默默无闻的可怜演员。 ——莎士比亚

社会犹如一条船，每个人都要有掌舵的准备。 ——易卜生

人们往往在回忆过去、抱怨现在和害怕未来中度过一生。 ——里瓦罗尔

决定一个人的一生，以及整个命运的，只是一瞬之间。 ——歌德

谁若游戏人生，他就一事无成；谁不能主宰自己，便永远是一个奴隶。 ——歌德

痛苦和死亡是生命的一部分，抛弃它们即是抛弃生命本身。 ——哈夫洛克·埃利斯

胜利和眼泪！这就是人生！ ——巴尔扎克

自满、自高自大和轻信是人生的三大暗礁。 ——巴尔扎克

世人多以自己的前半生拖累后半生。 ——拉布吕耶尔

人生最终的价值在于觉醒和思考的能力，而不只在于生存。

——亚里士多德

人生就像是弈棋，一步失误，全盘皆输。

——弗洛伊德

人生如同道路，最近的捷径通常是最坏的路。

——培根

生活就是战斗。

——柯罗连科

人的真实生活不在于穿衣吃饭，而在艺术、思想和爱，在于美的创造和冥想，以及对于世界的合乎科学的了解。

——罗素

人生是一匹马，轻快而健壮的马。人要像骑手那样大胆而细心地驾驭它。

——海赛

在这一生中，我们每个人都只演我们所派定的角色，自己演或与他人一起合演。

——路伊吉·皮兰德娄

人生如同故事，重要的并不在有多长，而是在有多好。

——塞涅卡

人生是两个永恒间留下的空隙，是两块黑暗间发光的瞬间。

——雷哈尼

人生是战斗，也是过客暂时投宿的旅舍。

——奥理略

哲理篇

我们的一生是由愚昧和智慧组成的。 ——蒙田

人生也许是场马拉松赛跑，奔跑在途中的名次不算数。只有到达终点，前胸触到拦带，才是定局。 ——池田大作

人活一辈子都要建设人生，失掉建设的人生，没有不垮台的。 ——池田大作

人一辈子都在高潮低潮中浮沉，唯有庸碌的人，生活才如死水一般。 ——傅雷

人生的路途，多少年来就这样地践踏出来了，人人都循着这路途走，你说它是蔷薇之路也好，你说它是荆棘之路也好，反正你得乖乖地把它走完。 ——梁实秋

所谓生死，不了断亦自然了断，我们是无能为力的。我们来到这个世界，并未经我们同意，我们离开这世界，也将不经我们同意。我们是被动的。 ——梁实秋

出生是最明确的一场旅行，死亡难道不是另一场出发？ ——三毛

对世界上绝大多数人来说，人生一无意义，二无价值。 ——季羡林

我常以为是丑女造就了美人。我常以为是愚氓举出了智者。我常以为是懦夫衬照了英雄。我常以为是众生度化了佛祖。 ——史铁生

人生的刺，就在这里，留恋着不肯快走的，偏是 ——钱锺书
你所不留恋的东西。

童年的无知可爱，少年的无知可笑，青年的无知 ——于丹
可怜，中年的无知可叹，老年的无知可悲。

丑角也许比英雄更知人生的辛酸。 ——周国平

人生就像挤公共汽车，你上去的时候感觉很挤， ——李彦宏
但只要你愿意晃荡，挤来挤去总能找到个不挤的
地方，偶尔还有一个座。

少年乐新知，衰暮思故友。 ——韩愈

休言万事转头空，未转头时皆梦。 ——苏轼

古今如梦，何曾梦觉，但有旧欢新怨。 ——苏轼

旧游无处不堪寻。无寻处，唯有少年心。 ——章良能

试上高峰窥皓月，偶开天眼觑红尘。可怜身是眼 ——王国维
中人。

哲理篇

273

生命

对待生命，你不妨大胆一点，因为我们始终要失
去它。　　　　　　　　　　　　　　　　　——尼采

重要的不是永恒的生命，而是永恒的活力。　——尼采

每个人都只有一次生命，你的生命已日薄西山，
你却仍不观照自身，而是将幸福寄予别的灵魂。　——马可·奥勒留

人是生而自由的，但却无往不在枷锁之中。自以
为是其他一切的主人的人，反而比其他一切更像
奴隶。　　　　　　　　　　　　　　　　　　——卢梭

生命不可能有两次，但许多人连一次也不能够很好
地度过。　　　　　　　　　　　　　　　　——吕凯特

生命是一张弓，那弓弦是梦想。　　　——罗曼·罗兰

当我活着时，我要做生命的主宰，而不做它的
奴隶。

——惠特曼

人的一生是短的，但如果卑劣地去过，这短的一
生就太长了。

——莎士比亚

对于生命应当做这样的解释：你不是你自己，因
为你的生存全赖着泥土中所生的谷粒。你并不快
乐，因为你永远追求着你所没有的事物，而遗忘
了你所已有的事物。你并不固定，因为你的容颜
像月亮一样随时变化。你即使富有，也和贫穷无
异，因为你正像一头不胜重负的驴子，背上驮载
着金块在旅途中跋涉。

——莎士比亚

我们的生命由于我们的愚昧而普遍缩短了。

——斯宾塞

在我们了解什么是生命之前，我们已将它消磨了
一半。

——哈伯特

生活中最使人筋疲力尽的事是弄虚作假。

——林德伯格

生命会给你所需要的东西，只要你不断地向它
要，只要你在向它要的时候说得一清二楚。

——爱因斯坦

我们的生命是三月的天气，可以在一小时内又狂
暴又平静。

——爱默生

哲理篇

虽然人人都企求很多，但我们每个人真正需要的 ——歌德
却是微乎其微。因为人生是短暂的，人的生命也
是有限的。

我们越是忙越能强烈地感到我们是活着，越能意 ——康德
识到我们生命的存在。

人们说生活是短暂的，我认为是他们自己使生命 ——卢梭
那样短暂的。

生命是无尽的享受，永远的快乐，强烈的陶醉。 ——罗丹

青春是一种持续的陶醉，是理智的狂热。 ——拉罗什富科

生命在前进的同时，也就是在走向死亡。 ——富恩特斯

我爱生活，为了它的美好，我参加了斗争。 ——伏契克

少年像一个快乐的王子，他不问天多高，也不知 ——拜尔
人间尚有烦恼，一心只想摘下天上的明星，铺一
条光辉灿烂的大道。

青春并不是生命中一段时光，它是心灵上的一种 ——辛尼加
状况。它跟丰润的面颊，殷红的嘴唇，柔滑的膝
盖无关。它是一种沉静的意志、想象的能力、感
情的活力，它更是生命之泉的新血液。

生命在闪耀中现出绚烂，在平凡中现出真实。　　——伯克

只是向上走，不必听自暴自弃者流的话。能做事的做事，能发声的发声。有一分热，发一分光，就令萤火一般，也可以在黑暗里发一点光，不必等候炬火。　　——鲁迅

假如生命是无味的，我不要来生；假如生命是有趣的，今生已是满足的了。　　——冰心

沙漠阿拉伯人形容他们也必喝三道的茶：第一道苦若生命，第二道甜似爱情，第三道淡如微风。　　——三毛

婴儿诞生，一般人不知晓婴儿的未来，可是都说——恭喜！恭喜！某人死了，一般人也不明白死后的世界，却说——可惜！可惜！　　——三毛

燃烧一个人的灵魂的，正是对生命的爱，那是至死方休。　　——三毛

树与人早晚都是同一命运，都要倒下去，只有一点不同，树担心的是外在的险厄，人烦虑的是内心的风波。　　——梁实秋

一颗沙里看一个世界，一朵野花里看出一个天堂。把无限抓在你的手掌里，把永恒放进一刹那的时光。　　——梁实秋

哲理篇

277

我们这个民族，长期以来，生于忧患，已经很"皮实"了，对于任何猝然而来的灾难，都用一种"儒道互补"的精神对待之。这种"儒道互补"的真髓，即"不在乎"。这种"不在乎"精神，是永远征不服的。

——汪曾祺

一个人生在世间，如果想有所成就，必须具备三个条件：才能、勤奋、机遇。行行皆然，人人皆然，概莫能外。

——季羡林

假如没有死的催促和提示，我们准会疲疲沓沓地活得没了兴致没了胃口。

——史铁生

花和人都会遇到各种各样的不幸，但是生命的长河是无止境的。

——宗璞

生命对于每个人，都是上苍只有一次的馈赠。

——毕淑敏

敬畏生命必然慈悲。

——余秋雨

生命的定义就是拥有明天。

——冯骥才

热爱生命是幸福之本，同情生命是道德之本，敬畏生命是信仰之本。

——周国平

生的终止不过一场死亡，死的意义不过在于重生或永眠。死亡不是失去生命，而是走出时间。

——余华

生之来不能却，其去不能止。　　　　　　　　——庄子

人生若尘露，天道邈悠悠。　　　　　　　　　——阮籍

浮生暂寄梦中梦，世事如闻风里风。　　　　——李群玉

寄蜉蝣于天地，渺沧海之一粟。哀吾生之须臾，　——苏轼
羡长江之无穷。

世事一场大梦，人生几度秋凉?　　　　　　　——苏轼

世事幻如蕉鹿梦，浮华空比镜花缘。　　　　——吴翌凤

命运

命运是机会的影子。 ——苏格拉底

智慧和命运交锋时，如果智慧有敢作敢为的胆识，命运就没有机会动摇它。 ——莎士比亚

在灰暗的日子中，不要让冷酷的命运窃喜；命运既然来凌辱我们，我们就应该用处之泰然的态度予以报复。 ——莎士比亚

凡是限制我们的东西，我们就称之为命运。 ——爱默生

我要扼住命运的咽喉，决不能让命运使我屈服。 ——贝多芬

上天安排了每个人的遭遇，有利于实现他的宿命。 ——马可·奥勒留

人走上了患难的道路，每一分钟都显得很长很长。 ——雨果

当命运递给我们一个酸的柠檬时，让我们设法把它制造成甜的柠檬汁。 ——雨果

敢于冲撞命运，才是天才。 ——雨果

快跑的未必能赢，力战的未必得胜，智慧的未必得粮食，明哲的未必得资财，灵巧的未必得喜悦。所临到众人的，是在乎当时的机会。 ——塔尔莱特·赫里姆

命运是暴君作恶的权力，也是傻瓜失败的借口。 ——安·比尔斯

我未曾见过一个早起、勤奋、谨慎、诚实的人抱怨命运不好。良好的品格、优良的习惯、坚强的意志，是不会被假设所谓的命运击败。 ——富兰克林

高大的树最易被风吹倒，有野心的人最易受命运的打击。 ——佩恩

没有所谓命运这个东西，一切无非是考验、惩罚或补偿。 ——伏尔泰

幸运的时机好比市场上的交易，只要你稍有延误，它就将掉价了。 ——培根

机会来的时候像闪电一样短促，全靠你不假思索地利用。 ——巴尔扎克

苦难对于天才是一块垫脚石……对能干的人是一笔财富，对弱者是一个万丈深渊。
——巴尔扎克

人都认为，自己的一生要自己来引导，但在心灵深处，却有着任凭命运摆布而无法加以抗拒的东西。
——歌德

人们对于自己实际拥有什么东西，并不怎么感谢命运；对于自己缺少什么东西，却总是加倍地埋怨命运。
——凯勒

思想引导行为，行为养成习惯；习惯造就性格，性格决定命运。
——凯恩斯

好运不会在人家等候的那个地方自然而来，而是经过弯弯曲曲与困难得难以想象的道路降临的。
——加尔多斯

命运支配我们行为的一半，而把另一半委托给我们自己。
——马基雅维利

命运的变化犹如月之圆缺，对智者毫无妨害。
——富兰克林

由于过分审慎，人们对于时机就会重视不够，就会坐失良机。
——卢梭

失败不该成为颓丧、失志的原因，应该成为新鲜的刺激。
——索冉

凡是不依靠自身而依赖外界才能获得幸福的人，　　——莫罗阿
命运总是和他作对。

命运对生者具有至高无上的权力，但对知道如何　　——塞涅卡
去死的人却无能为力。

没有人没碰到过好机会，只是没有捉住它。　　——卡耐基

人们不存侥幸之心，方可为幸运的主宰，而幸运　　——乔叟
除了懦夫之外，都是不敢欺凌的。

机遇是个转瞬即逝的两面人，一面写着"幸运"，　　——乔叟
一面写着"不幸"。

命运女神总是向不把她放在眼里的人大献殷勤。　　——约卡伊·莫尔

命运并非机遇，而是一种选择；我们不该期待命　　——布莱克
运的安排，必须凭自己的努力创造命运。

命运常在给你带来幸福的同时给你带来不幸。　　——托·富勒

运气永远不会帮助没有勇气的人。　　——索福克勒斯

向命运大声叫骂又有什么用？命运是个聋子。　　——欧里庇得斯

苦难有如乌云，远望去但见墨黑一片，然而身临　　——里希特
其下时不过是灰色而已。

哲理篇

283

命运像玻璃，越明亮，越闪光；越闪光，越容易破碎。 ——贺拉斯

命运将苦难编织在生命的丝线上，甚至，人从降生起就无法与苦难分开。 ——荷马

不要以为机遇会第二次敲门。 ——桑弗

命运并非偶然，而是必然，它就藏在你的性格之中。 ——芥川龙之介

命运并不是中国人的事前指导，乃是事后的一种不费心思的解释。 ——鲁迅

命运只不过是失败者的无聊的自慰，不过是怯懦者的解嘲。 ——茅盾

只有不能支配自己的人才会被命运支配。 ——巴金

天下就没有偶然，那不过是化了妆的、戴了面具的必然。 ——钱锺书

我们自身就是我们命运的原因。 ——徐志摩

尼采说"要爱命运"。爱命运才是至爱的境界。 ——史铁生

命定的局限尽可永在，不屈的挑战却不可须臾或缺。 ——史铁生

当我沮丧的时候，当我彷徨的时候，当我孤独寂寞悲凉的时候，我曾格外地相信命运，相信命运的不公平；当我快乐的时候，当我幸福的时候，当我成功优越欣喜的时候，我格外地相信自己，相信只有耕耘才有收获。

——毕淑敏

人们希冀的事，从来不会发生，命运往往另有安排。

——亦舒

天才不走运会成为庸人，庸人再走运也成不了天才。

——周国平

世事漫随流水，算来一梦浮生。

——李煜

数声风笛离亭晚，君向潇湘我向秦。

——郑谷

人生只似风前絮，欢也零星，悲也零星。

——王国维

明明明月是前身。回头成一笑，清冷几千春。

——陈曾寿

万般皆是命，半点不由人。

——《警世通言》

哲理篇

285

求知

真正的无知不是知识的缺乏，而是拒绝获取知识。　　——卡尔·波普尔

重要的不是知识的数量，而是知识的质量。有些　　——列夫·托尔斯泰
人知道得很多，但却不知道最有用的东西。

知识是青年人最佳的荣誉、老年人最大的慰藉、　　——第欧根尼
穷人最宝贵的财产、富人最珍贵的装饰品。

构成我们学习最大障碍的是已知的东西，而不是　　——贝尔纳
未知的东西。

具有丰富知识和经验的人，比只有一种知识和经　　——泰勒
验的人更容易产生新的联想和独到的见解。

愚昧从来没有给人带来幸福；幸福的根源在于　　——左拉
知识。

人必须学习以变化气质，正如同树木须经修剪始能成形。 ——培根

不读书的家庭，就是精神上残缺的家庭。 ——巴甫连柯

智者从敌人那里汲取的长处，要比愚者从友人那里汲取的长处多。 ——富兰克林

我学得愈多，生命就变得愈愉快。 ——索尔·森德

各种蠢事，在每天阅读好书的影响下，仿佛烤在火上一样渐渐融化。 ——雨果

一个人不能同时骑两匹马，骑上这匹，就要丢掉那匹。聪明人会把凡是分散精力的要求置之度外，只专心致志地去学一门。学一门就要把它学好。 ——歌德

我们全都要从前辈和同辈学习到一些东西。就连最伟大的天才，如果想单凭他所特有的内在自我去对付一切，他也绝不会有多大成就。 ——歌德

知识的积累是一步一步的，而不是一跳一跳的。 ——麦考莱

在读书的时候，我们是与智者交谈；在生活的事务中，我们通常都是与愚人交谈。 ——培根

哲理篇

对于聪明人和有素养的人来说，求知欲是随着年龄的增长而转变得愈加强烈的。

——西塞罗

当你孤独寂寞时，阅读可以消遣。当你高谈阔论时，知识可供装潢。当你处世行事时，求知可以促成才干。

——培根

缺乏才智，就是缺乏一切。

——哈里法克斯

上天让我们习惯各种事物，就是用它来代替幸福。

——普希金

阅读就是抛弃自己的一切意图与偏见，随时准备接收突如其来且不知来自何方的声音。

——卡尔维诺

凡事需多听但少言，聆听他人之意见，但保留自己之判断。

——莎士比亚

无情的教训，教会人用怎样的眼睛才能观察危险，用怎样的忍耐才能忍受痛苦。

——大仲马

学过的东西，不一定是懂得的东西。有两种人，一种是书蠹，一种是学者：记忆造就前一种人，哲学造就后一种人。

——大仲马

我需要三件东西：爱情、友谊和图书。然而这三者之间何其相通！炽热的爱情可以充实图书的内容，图书又是人们最忠实的朋友。

——蒙田

灵感并不是在逻辑思考的延长线上产生，而是在破除逻辑或常识的地方才有灵感。

——爱因斯坦

光读书不思考也许能使平庸之辈知识丰富，但它决不能使他们头脑清醒。

——约·诺里斯

如果我读的书跟其他人一样多，我就不会懂得比他们多。

——托马斯·霍布斯

读书是灵魂的壮游，随时可发现名山巨川、古迹名胜、深林幽谷、奇花异卉。

——法朗士

我扑在书籍上，像饥饿的人扑在面包上一样。

——高尔基

莫在追忆的深井中打捞冰凉的遗憾，快去知识的海洋里挖掘人生的热源。

——雪莱

"会摹仿"决不是劣点。

——鲁迅

只看一个人的著作，结果是不大好的：你就得不到多方面的优点。必须如蜜蜂一样，采过许多花，这才能酿出蜜来，倘若叮在一处，所得就非常有限，枯燥了。

——鲁迅

学习与创造是一体的两面，没有学习不能凭空创造，不能创造，即是学习未必彻底。

——茅盾

哲理篇

人身上最值钱的，是大脑中的知识。　　　　——郁达夫

只有愚昧无知的人才会随便读到一部作品就全盘接受，因为他头脑空空，装得下许多东西。　　——巴金

苦学能够战胜一切，学问的宫殿不论贫富都可以进去。　　　　——巴金

很多东西常常是在不知不觉中，经过了一个长时期的接触，就自己也不知道什么时候已经懂了。　　——杨振宁

知识只有消化了以后才有能量，不然就是智商中的脂肪。　　　　——洪晃

有些读书人所以会变成书呆子，就因为只拥有专业知识而缺少综合知识。　　——秦牧

少而好学，如日出之阳；壮而好学，如日中之光；老而好学，如炳烛之明。　　——刘向

发愤识遍天下字，立志读尽人间书。　　——苏轼

旧书不厌百回读，熟读深思子自知。　　——苏轼

人不学便老而衰。　　　　——程颐

名不显时心不朽，再挑灯火看文章。　　——唐寅

自由

·ᴥ·

自由意味着责任，这是大多数人惧怕的原因。 ——萧伯纳

自由向来是一切财富中最昂贵的财富。 ——罗曼·罗兰

爱好自由是人的天性，但往往过度而陷入放纵。 ——斯宾诺莎

人们喜欢带着极端的偏见在不着边际的自由中使 ——培根
自己得到满足，这就是他们的思想本质。

为谋权力而失去自由，或为谋求控制他人的权力 ——培根
而失去控制自己的力，这是一种奇怪的欲望。

自由是这样的东西，不给予别人你自己也无法得到。 ——怀特

如果我们心中没有自由与宁静，如果我们内心深 ——梭罗
处的自我只是一潭污浊的死水，那么争取身外的
自由又有什么意义？

个人的绝对自由是疯狂，一个国家的绝对自由是混乱。 ——罗曼·罗兰

人们往往把任性也叫作自由，但是任性只是非理性的自由，人性的选择和自觉都不是出于意志的理性，而是出于偶然的动机以及这种动机对感性外在世界的依赖。 ——黑格尔

对人类的自由关怀得最少的地方，对英雄崇拜得最热狂。 ——斯宾塞

自由不是无限制的自由，自由是一种能做法律许可的任何事的权力。 ——孟德斯鸠

个人的自由，以不侵犯他人的自由为自由。 ——穆勒

自由不仅为滥用权力而失去，也为滥用自由而失去。 ——麦奇生

自由应是一个能使自己变得更好的机会。 ——加缪

生命之河在它的一条岸边享有自由，在另一条岸边受到约束。 ——泰戈尔

自由存在于束缚之中：没有堤岸，哪来江河。 ——金斯伯格

如果自由流于放纵，那么魔鬼就会乘机侵入。 ——华盛顿

为了享有自由，必须限制自由。 ——伯克

自由从来不是压迫者的恩赐，它必须由被压迫者去争取。 ——马丁·路德·金

放弃自由，等于放弃做人的权利，也等于放弃了一切。 ——卢梭

摆脱土壤的束缚，对于树来说并不是自由。 ——泰戈尔

甘心做奴隶的人，不知道自由的力量。 ——贝克

放弃基本的自由以换取苟安的人，终归失去自由，也得不到安全。 ——富兰克林

我要享受现实，过去的事就让它过去吧。 ——歌德

从前的游子一直没有还乡，他被那些渔火与时光拖住，一生漂流在外。 ——马丁松

记住该记住的，忘记该忘记的，改变能改变的，接受不能改变的。 ——塞林格

人的生命就是不断地适应再适应。 ——哈代

自由从来未被武力征服过。 ——詹·汤姆逊

哲理篇

我愿独立自主，照自己的意愿过生活；凡是我自己需要的，我欣然接受；我不需要的，我就决不希求。

——车尔尼雪夫斯基

做只快乐的猫，找个有太阳的地方安安稳稳地睡觉。不叹息过往，不忧心前路，简单自足，方能抓住眼前的幸福。

——村上春树

想要收获自由之果的人，必须承受维持自由的劳累。

——潘恩

每个人仅仅在反对别人的时候才需要自由。

——萨特

就像地球不会灭亡一样，自由让人不会再回到奴隶状态。

——海明威

自由不是像财产一样的物品，而是人永恒的权利。

——台奥多尔·蒙森

不能制约自己的人，不能称之为自由的人。

——毕达哥拉斯

自由是灵魂的氧气。

——摩西·达扬

不要过分地醉心自由，一点也不加以限制的自由，它的害处与危险实在不少。

——克雷洛夫

贪安稳就没有自由，要自由就总要历些危险。只有这两条路。

——鲁迅

自由固不是钱所能买到的，但能够为钱而卖掉。 ——**鲁迅**

不许哭，做一个大人，不管有什么事都不许哭。 ——**沈从文**
要硬扎一点，结实一点，才配活到这块土地上！

要能放下，才能提起。提放自如，是自在人。 ——**圣严法师**

幻想的自由只是幻想，自由的幻想才是自由。 ——**黄永玉**

花满渚，酒满瓯，万顷波中得自由。 ——**李煜**

山花落尽山长在，山水空流山自闲。 ——**王安石**

用舍由时，行藏在我，袖手何妨闲处看。 ——**苏轼**

出门一笑，月落江横，数峰天远。 ——**张炎**

乘风好去，长空万里，直下看山河。 ——**辛弃疾**

不愿鞠躬车马前，但愿老死花酒间。 ——**唐寅**

哲理篇